MÚSICA

1r cicle
ESO

Magda Güell
Lys Vilà
Coordinació:
Rosa M. Montserrat

BARCANOVA
EDITORIAL

Índex

Llenguatge musical

1. *Samba de les notes* 10
1.1. La pulsació 11
1.2. De la durada al ritme 12
1.3. Els ritmes de la cançó *Samba de les notes* 13
1.4. De l'altura a la melodia 14
1.5. L'escala major 15
1.6. La melodia en la cançó *Samba de les notes* 16
1.7. El *tempo* 17

2. *Vois sur ton chemin* 18
2.1. L'accent regular i l'accent irregular 19
2.2. El compàs 20
2.3. El to i el semitò 22
2.4. Melodia i harmonia 24

El racó de la web 26
Avaluació 27
Fem memòria 28

3. *Bona nit* 30
3.1. L'arquitectura de la música 31
3.2. La frase musical 32
3.3. El tema musical 33
3.4. La dinàmica dóna estructura 34
3.5. El compositor i l'intèrpret 35
3.6. La composició musical 36
3.7. La improvisació 37

4. *Libre* 38
4.1. La tonalitat 39
4.2. Les funcions tonals 40
4.3. El *blues* 41
4.4. Tonalitats relatives 42
4.5. Tonalitats homònimes o paral·leles 44
4.6. Repassem tonalitats 45

El racó de la web 46
Avaluació 47
Fem memòria 48

5. *We are the champions* 50
5.1. El compàs de 6/8 51
5.2. El compàs de 6/8 i la música popular 53
5.3. La tensió i la fusió 54
5.4. La textura monòdica i la textura polifònica 56

6. *Viva la vida* 58
6.1. Transport 60
6.2. Canvi de denominador de compàs 61
6.3. Els tres principis de la composició musical 62
6.4. Les formes simples de repetició per temes 63
6.5. Recordem amb la família Addams 64

El racó de la web 66
Avaluació 67
Fem memòria 68

Audició

La pulsació: *Simfonia del rellotge.* «Andante» (F. J. Haydn) 72
De l'altura a la melodia: *La flauta màgica.* «Wie stark ist nicht dein Zauberton» (W. A. Mozart) 73

El compàs quaternari: *Sentimental bolero* (M. Matte) 74
El compàs binari: *The stars and stripes forever* (J. Ph. Sousa) 75
El compàs ternari: *Peer Gynt*. «Dansa d'Anitra» (E. Grieg) 76
El minuet: *Quintet per a cordes núm. 5, op. 13*. «Minuet» (L. Boccherini) 77
El *pizzicato*: *Pizzicato polca* (J. Strauss, fill) 78
Els gèneres musicals 79
El compàs de 6/8 80
La composició: *Escenes d'infants*. «Gent i països estrangers» (R. Schumann) 81
Del timbre a la instrumentació 82
Famílies d'instruments: els electròfons, els aeròfons, els cordòfons, la percussió, la veu humana 83
El director i l'orquestra 90

Repertori

We will rock you 94
Les quatre estacions 95
Once upon a dream 96
Jo voldria que tot l'any fos com Nadal 97
Love me tender 100
Els Picapedra 101
Blues en re 102
Tengo la camisa negra 103
My Bonnie 104
My heart will go on 105
La flauta de bec i tu 106
La nostra veu 108
Taula de digitacions 110

Cos i percussió

La pulsació 114
De la durada al ritme 115
El compàs 116
El vals 117
La Patum de Berga 118

Vivències musicals

Per què estudiem música? 122
Les sensacions del ritme 123
Les emocions de la melodia 124
Viure la música intensament 125
Amazing grace i els drets humans 126
La música i Europa 128
La música a Catalunya 130

Com s'estructura el llibre

El llibre s'estructura en **cinc apartats**. L'apartat principal és el de **Llenguatge musical** i des d'aquest es remet als altres quatre: **Audició**, **Repertori**, **Cos i percussió** i **Vivències musicals**.

El **títol** correspon a la peça musical que introdueix la unitat i els conceptes que s'hi treballen.

Fotografia suggeridora que contextualitza el tema musical de la unitat.

Partitura corresponent a la peça musical que es treballa en la unitat.

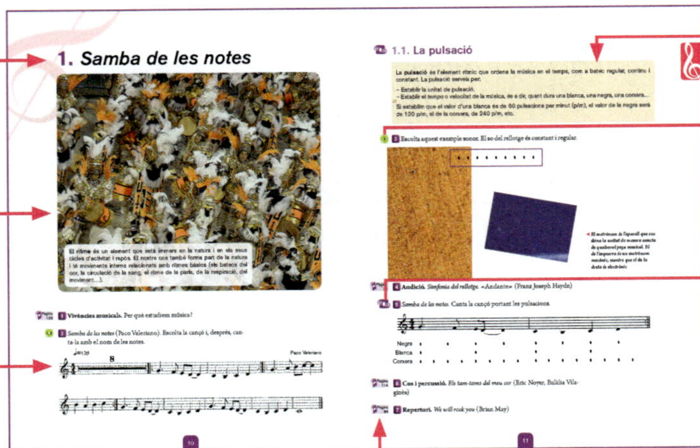

Els **conceptes musicals bàsics** es destaquen sobre un fons de color.

Correspon al número de pista musical que cal escoltar.

Indica que cal portar la pulsació durant l'activitat.

Remissió als altres apartats del llibre on es treballa el mateix concepte.

Conceptes musicals bàsics que ja s'han treballat en cursos anteriors i que cal recordar.

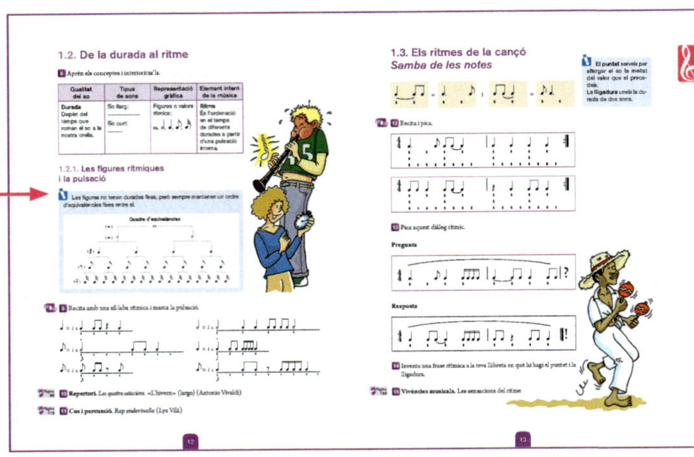

Símbol que ens situa en l'apartat de **Llenguatge musical**.

El tancament de cada dues unitats s'estructura a partir de tres elements: **El racó de la web**, **Avaluació** i **Fem memòria**.

Activitats d'avaluació sobre el contingut de les dues unitats anteriors.

Connecta't: proposa connectar-se a Internet per buscar informació bàsica per fer l'activitat de la pàgina. Totes les adreces es redireccionen al web de l'editorial *www.espaibarcanova.cat.*

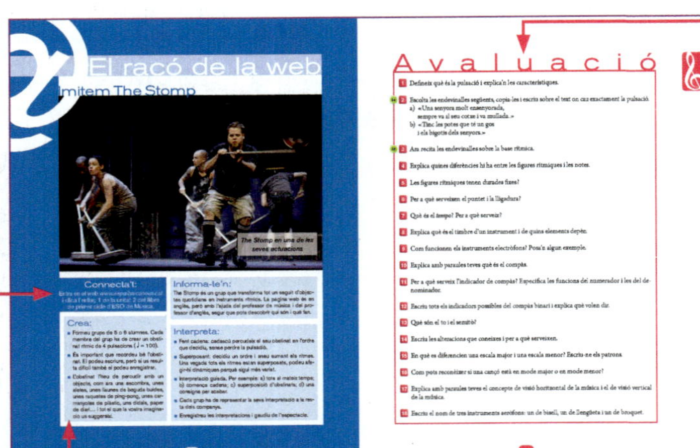

Proposta d'activitat per fer en equip.

Recull dels conceptes treballats en les dues unitats anteriors.

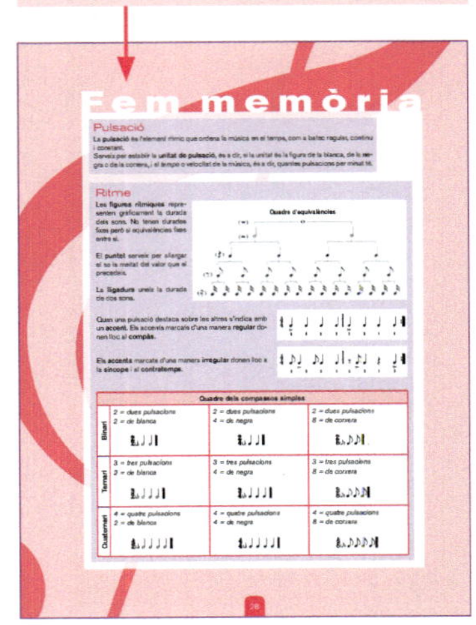

El minuet

Quintet per a cordes núm. 5, op. 13. «Minuet» (L. Boccherini)

La música de cambra és música composta per a un petit grup d'instruments i per ser interpretada en sales petites. N'és un exemple el **quintet de corda**.

Quintet de corda (2 violins, 2 violes, 1 violoncel o 2 violins, 1 viola, 2 violoncels)

Luigi Boccherini (Lucca, 1743 – Madrid, 1805). Aquest músic italià va ser famós perquè era un virtuós del violoncel i també perquè va compondre molta música de cambra.

1. Escolta un fragment d'aquest famós minuet de Boccherini.
2. Torna a escoltar el minuet i digues si el compàs és binari, ternari o quaternari.
3. Ara, mentre l'escoltes, segueix-ne l'estructura.

A	B	A
a a b a b a	c c d c d c	a b a

4. Escolta el minuet sencer entrant en el web *www.espaibarcanova.cat* i clicant l'enllaç 1 de l'apartat d'audició del llibre de primer cicle d'ESO de Música. Podràs seguir-lo amb la partitura mentre l'escoltes.

77

Símbol que ens situa en l'apartat d'**Audició**.

Fotografia i referència breu sobre el compositor del tema musical.

Els Picapedra

1. *Els Picapedra* (H. Curtin). Escolta el tema de la famosa sèrie de dibuixos animats.
2. Ara, interpreta el tema sobre la base musical.

Fixa't en l'estructura i en les seves frases suspensives i conclusives. Per fer-ne una bona interpretació, destaca les síncopes. Si ho fas cantant, exagera la consonant que comença la síncope, i si ho fas amb la flauta, articula una *t* amb la punta de la llengua.

101

Partitura del tema musical que cal interpretar.

Símbol que ens situa en l'apartat de **Repertori**.

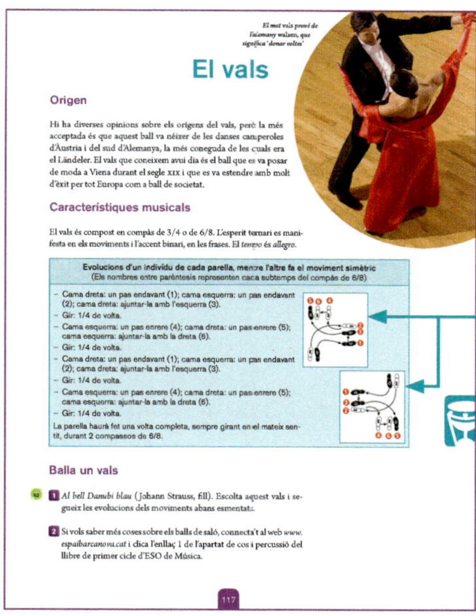

El mot vals prové de l'alemany walzen, que significa 'donar voltes'

El vals

Origen

Hi ha diverses opinions sobre els orígens del vals, però la més acceptada és que aquest ball va néixer de les danses camperoles d'Àustria i del sud d'Alemanya, la més coneguda de les quals era el Ländeler. El vals que coneixem avui dia és el ball que es va posar de moda a Viena durant el segle XIX i que es va estendre amb molt d'èxit per tot Europa com a ball de societat.

Característiques musicals

El vals és compost en compàs de 3/4 o de 6/8. L'esperit ternari es manifesta en els moviments i l'accent binari, en les frases. El *tempo* és *allegro*.

Evolucions d'un individu de cada parella, mentre l'altre fa el moviment simètric
(Els nombres entre parèntesis representen cada subtemps del compàs de 6/8)

- Cama dreta: un pas endavant (1); cama esquerra: un pas endavant (2); cama dreta: ajuntar-la amb l'esquerra (3).
- Gir: 1/4 de volta.
- Cama esquerra: un pas enrere (4); cama dreta: un pas enrere (5); cama esquerra: ajuntar-la amb la dreta (6).
- Gir: 1/4 de volta.
- Cama dreta: un pas endavant (1); cama esquerra: un pas endavant (2); cama dreta: ajuntar-la amb l'esquerra (3).
- Gir: 1/4 de volta.
- Cama esquerra: un pas enrere (4); cama dreta: un pas enrere (5); cama esquerra: ajuntar-la amb la dreta (6).
- Gir: 1/4 de volta.

La parella haurà fet una volta completa, sempre girant en el mateix sentit, durant 2 compassos de 6/8.

Balla un vals

1. *Al bell Danubi blau* (Johann Strauss, fill). Escolta aquest vals i segueix les evolucions dels moviments abans esmentats.
2. Si vols saber més coses sobre els balls de saló, connecta't al web *www.espaibarcanova.cat* i clica l'enllaç 1 de l'apartat de cos i percussió del llibre de primer cicle d'ESO de Música.

117

Il·lustracions dels passos per ballar el vals.

Símbol que ens situa en l'apartat de **Cos i percussió**.

L'apartat de **Vivències musicals** relaciona l'expressió musical amb diferents aspectes de la societat i amb les vivències quotidianes.

Viure la música intensament

La música és una de les facultats creatives de l'ésser humà. Sempre, al llarg de la història, ha estat present en les activitats socials, culturals i de diversió.

La música és l'art dels sons i el silenci, així com la poesia és l'art de les paraules, el cinema és l'art de les imatges en moviment i la dansa és l'art del moviment corporal. El compositor busca la bellesa d'una obra musical a través dels sons i el silenci. La música forma part del conjunt d'arts dinàmiques, ja que desenvolupa l'obra a través del temps.

La música també és una ciència, perquè ordena els sons segons un ordre matemàtic en altura i durada i els expressa mitjançant un llenguatge científic: el llenguatge musical. Cada ciència té uns símbols propis.

La música és un mitjà de comunicació de missatges i senyals i d'expressió de sentiments i emocions.

A l'illa de la Gomera tenen una modalitat de llenguatge que consta de sis sons que es llegeixen xiulant

Els diferents timbres musicals d'un mòbil també són una manera de rebre missatges i senyals a través de la música

Els militars utilitzen els sons de la corneta per comunicar-se

125

Símbol que ens situa en l'apartat de **Vivències musicals**.

Icones

Apartats

Llenguatge musical

Audició

Repertori

Cos i percussió

Vivències musicals

Cal portar la pulsació durant l'activitat.

Conceptes musicals treballats en cursos anteriors que cal recordar.

Remissió a un altre apartat on es treballa el mateix concepte.

Número de pista que cal escoltar.

Llenguatge musical

1. *Samba de les notes*

El **ritme** és un element que està immers en la natura i en els seus cicles d'activitat i repòs. El nostre cos també forma part de la natura i té moviments interns relacionats amb ritmes bàsics (els batecs del cor, la circulació de la sang, el ritme de la parla, de la respiració, del moviment…).

Pàgina 122

1 **Vivències musicals.** Per què estudiem música?

1,2 **2** *Samba de les notes* (Paco Valeriano). Escolta la cançó i, després, canta-la amb el nom de les notes.

1.1. La pulsació

La **pulsació** és l'element rítmic que ordena la música en el temps, com a batec regular, continu i constant. La pulsació serveix per:

– Establir la unitat de pulsació.
– Establir el *tempo* o velocitat de la música, és a dir, quant dura una blanca, una negra, una corxera...

Si establim que el valor d'una blanca és de 60 pulsacions per minut (p/m), el valor de la negra serà de 120 p/m, el de la corxera, de 240 p/m, etc.

3 **3** Escolta aquest exemple sonor. El so del rellotge és constant i regular.

• • • • • • • • •

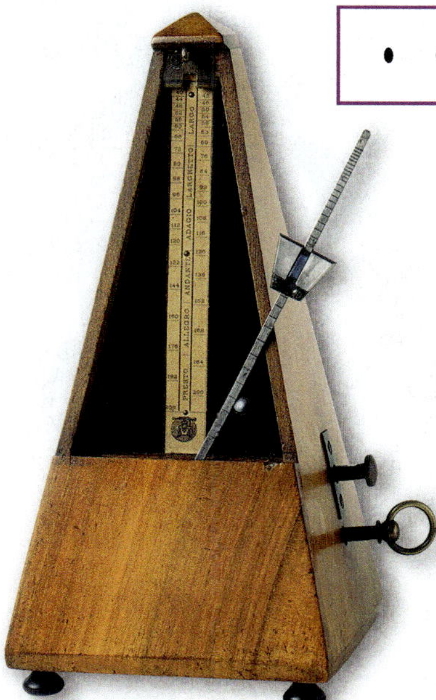

◄ *El metrònom és l'aparell que ens dóna la unitat de mesura exacta de qualsevol peça musical. El de l'esquerra és un metrònom mecànic, mentre que el de la dreta és electrònic*

Pàgina 72 **4 Audició.** *Simfonia del rellotge.* «Andante» (Franz Joseph Haydn)

5 *Samba de les notes.* Canta la cançó portant les pulsacions.

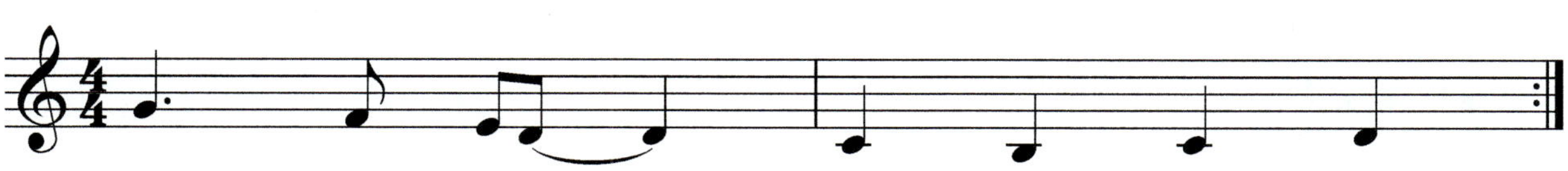

Negra • • • • • • • •
Blanca • • • •
Corxera • • • • • • • • • • • • • • • •

Pàgina 114 **6 Cos i percussió.** *Els tam-tams del meu cor* (Eric Noyer, Eulàlia Vilaginès)

Pàgina 94 **7 Repertori.** *We will rock you* (Brian May)

1.2. De la durada al ritme

8 Aprèn els conceptes i interioritza'ls.

Qualitat del so	Tipus de sons	Representació gràfica	Element intern de la música
Durada Depèn del temps que roman el so a la nostra orella.	So llarg: __________ So curt: _____	Figures o valors rítmics: 𝅝, 𝅗𝅥, 𝅘𝅥, 𝅘𝅥𝅮, 𝅘𝅥𝅯	**Ritme** És l'ordenació en el temps de diferents durades a partir d'una pulsació interna.

1.2.1. Les figures rítmiques i la pulsació

Les figures no tenen durades fixes, però sempre mantenen un ordre d'equivalències fixes entre si.

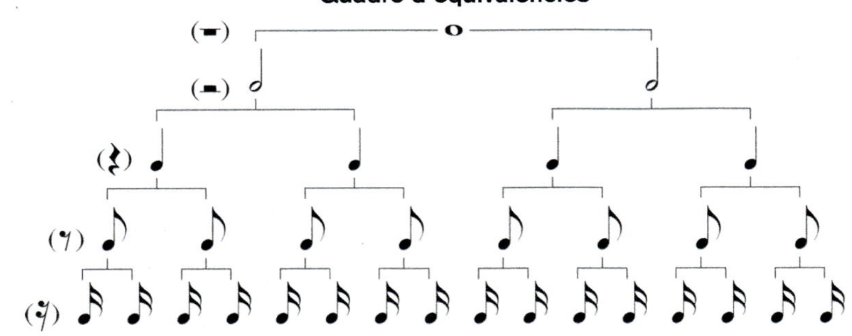

9 Recita amb una síl·laba rítmica i marca la pulsació.

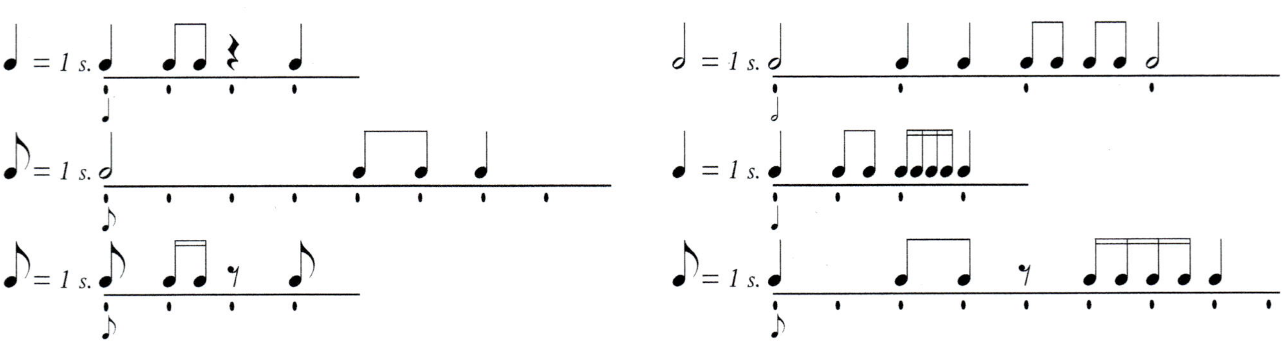

Pàgina 95 **10** **Repertori.** *Les quatre estacions.* «L'hivern» (largo) (Antonio Vivaldi)

Pàgina 115 **11** **Cos i percussió.** *Rap endevinalla* (Lys Vilà)

1.3. Els ritmes de la cançó *Samba de les notes*

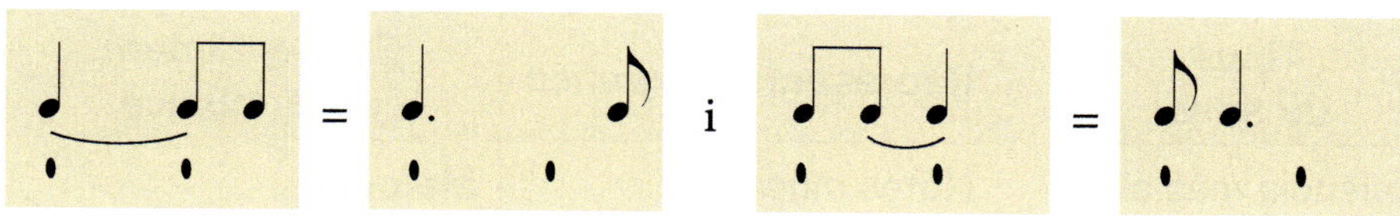

El **puntet** serveix per allargar el so la meitat del valor que el precedeix.
La **lligadura** uneix la durada de dos sons.

12 Recita i pica.

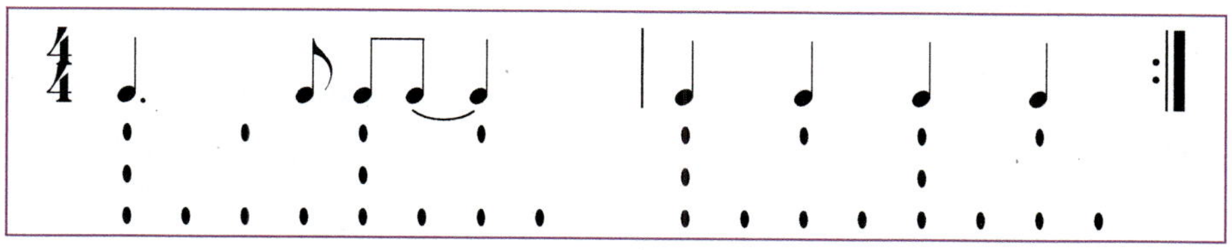

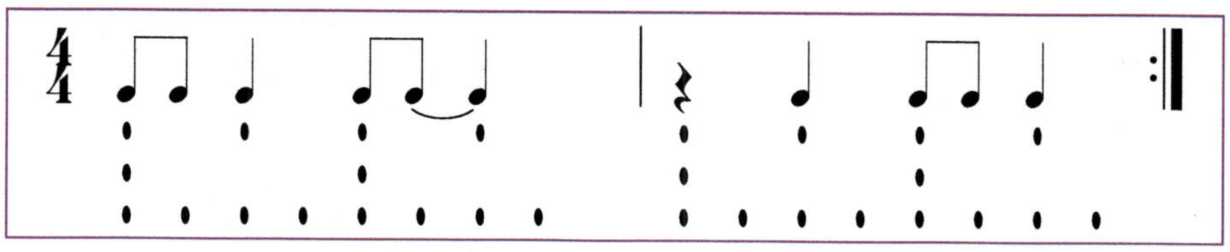

13 Pica aquest diàleg rítmic.

Pregunta

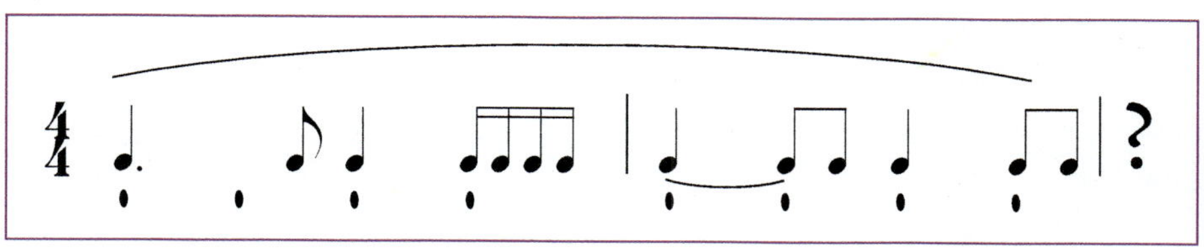

Resposta

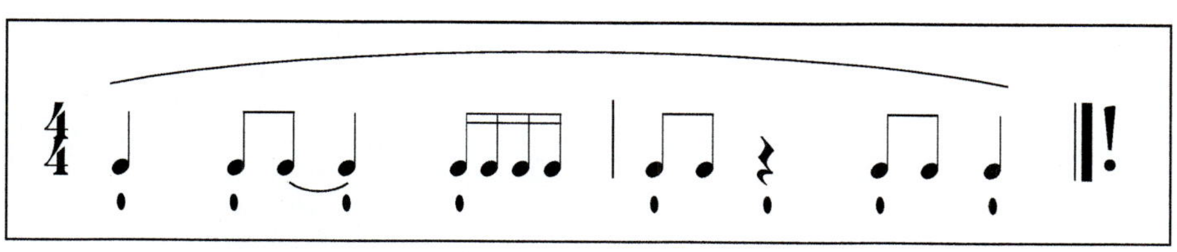

14 Inventa una frase rítmica a la teva llibreta en què hi hagi el puntet i la lligadura.

Pàgina 123 **15** **Vivències musicals.** Les sensacions del ritme

1.4. De l'altura a la melodia

16 Aprèn els conceptes i interioritza'ls.

Qualitat del so	Tipus de sons	Representació gràfica	Element intern de la música
Altura Depèn del nombre de vibracions per segon (freqüència).	Freqüència més alta (més vibracions per segon): so agut.  Freqüència més baixa (menys vibracions per segon): so greu. 	Notes musicals. 	**Melodia** És un seguit de notes de diferents altures que formen una frase musical. **Harmonia** És l'art de combinar més d'una melodia alhora.

4 **17** Escolta la melodia del Big Ben, el famós rellotge de Londres. Fixa't en el gràfic i ressegueix les diferents altures amb el dit.

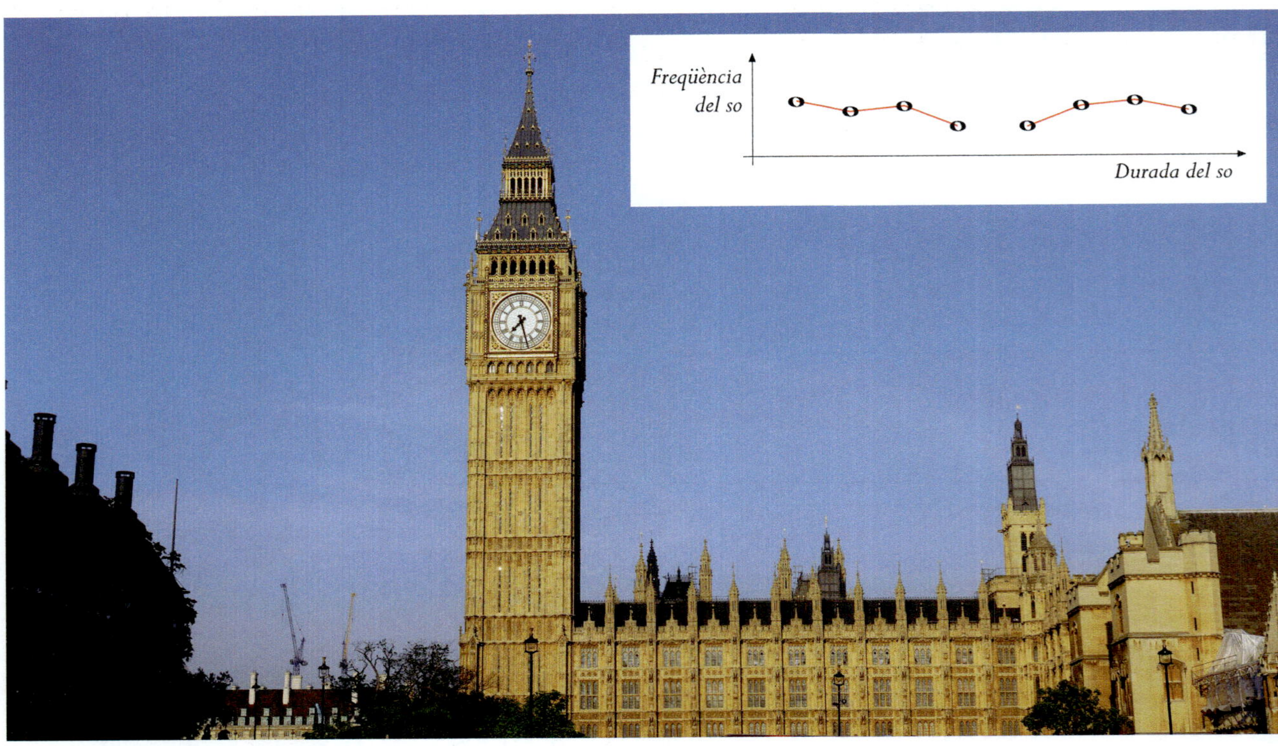

Pàgina 73 **18** **Audició.** *La flauta màgica.* «Wie stark ist nicht dein Zauberton» (Wolfgang Amadeus Mozart)

Pàgina 124 **19** **Vivències musicals.** Les emocions de la melodia

1.5. L'escala major

20 Observa l'escala de do major:

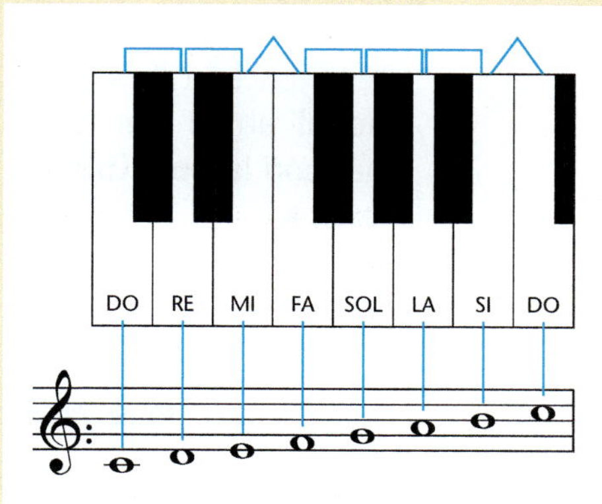

L'escala de do major és el model de totes les escales majors.

La **tònica**, el primer grau de l'escala (I), li dóna nom.

La **sensible**, el setè grau de l'escala (VII), porta harmònicament a la tònica.

En els països de parla anglesa, els noms de les notes s'indiquen amb lletres: A = la, B = si, C = do, D = re, E = mi, F = fa, G = sol.
En els països de parla alemanya també s'utilitzen lletres, però el *si* s'indica amb la *H* i la *B* correspon al *si bemoll*.

5, 6 **21** *Un escocès* (popular). Canta la cançó en tres tonalitats diferents i experimenta el pas de la sensible a la tònica.

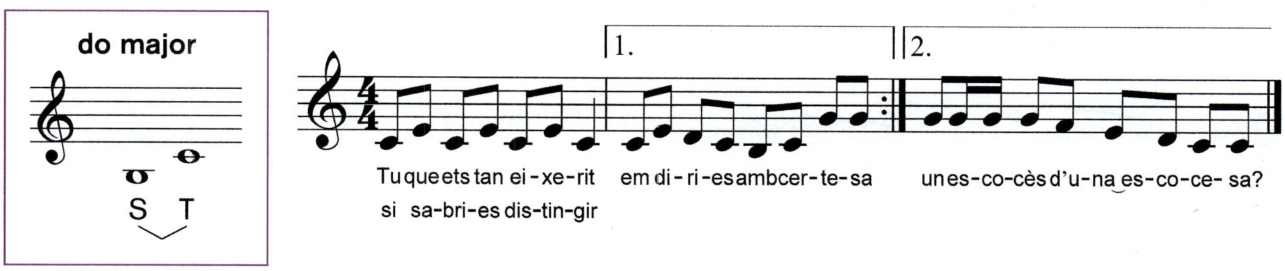

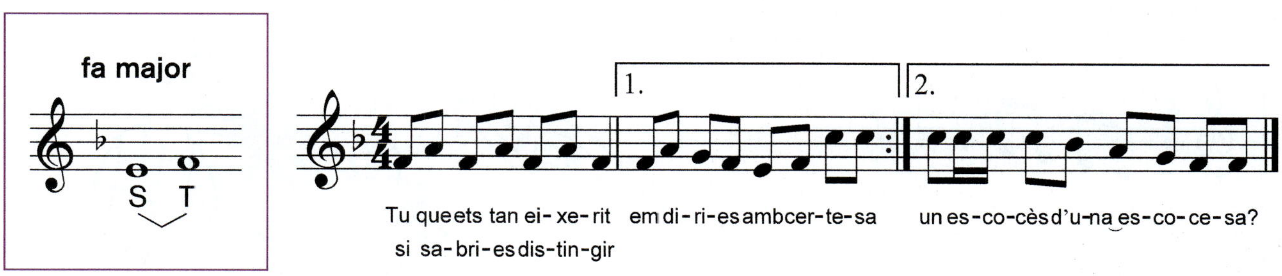

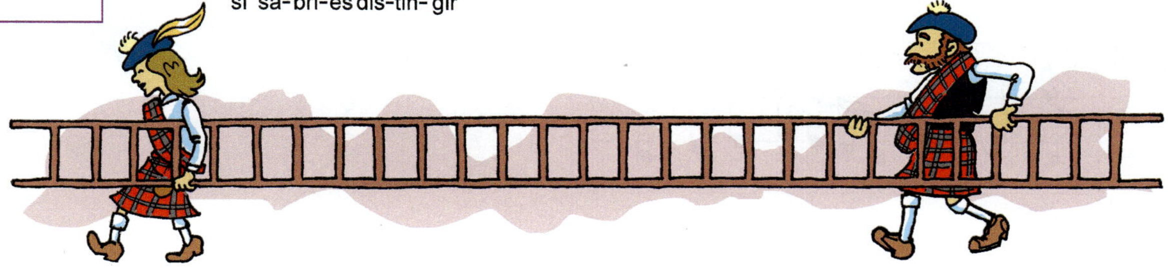

1.6. La melodia en la cançó
Samba de les notes

En una escala de notes, els graus contigus en altura es diuen *graus conjunts*.

Les notes **si** i **do** necessiten una línia addicional en el pentagrama: són la **sensible** i la **tònica**.

1, 2 **22** *Samba de les notes*. Solfeja la cançó i fixa't que ambdues frases són compostes en graus conjunts.

7 **23** *La flauta màgica.* «Der Vogelfänger bin ich ja» (W. A. Mozart). El reclam màgic de Papageno és un motiu melòdic de cinc notes en graus conjunts. Escolta'l.

24 Canta aquests motius melòdics i combina'ls.

1

2
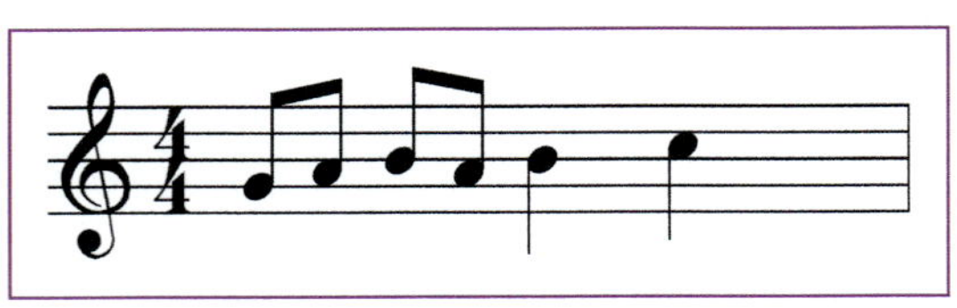

3

4

1.7. El *tempo*

El ***tempo*** (temps) és la velocitat que té la pulsació d'una peça musical i s'indica amb paraules italianes al començament del primer pentagrama.

25 Observa que hi ha temps més lents (menys pulsacions per minut) i temps més ràpids (més pulsacions per minut).

Nom en italià	Traducció	Velocitat metronòmica
Presto	Molt ràpid	268 / 200 (pulsacions per minut)
Allegro	Ràpid	168 / 120 (pulsacions per minut)
Andante	Mitjà	108 / 76 (pulsacions per minut)
Adagio	Lent	76 / 66 (pulsacions per minut)
Largo	Molt lent	60 / 40 (pulsacions per minut)

26 *Un escocès* (popular). Interpreta-la amb tres temps diferents:

– ***Allegro*** **(♩ = 120)**

– ***Andante*** **(♩ = 80)**

– ***Largo*** **(♩ = 60)**

27 Tot portant la pulsació, recorda els indicadors per variar el *tempo*.

28 *Samba de les notes*. Mira la partitura de la pàg. 10 i canta la cançó variant el *tempo* segons les indicacions següents: *Allegro, Ritardando, A tempo, Accelerando, A tempo.*

Pàgina 83

29 **Audició.** Els electròfons

Accel. (Accelerando):
↓
Cada vegada més ràpid.

Rit. (Ritardando):
↓
Cada vegada més lent.

A tempo:
↓
Cal tornar a la velocitat original.

Quadern: pàg. 2-5

2. *Vois sur ton chemin*

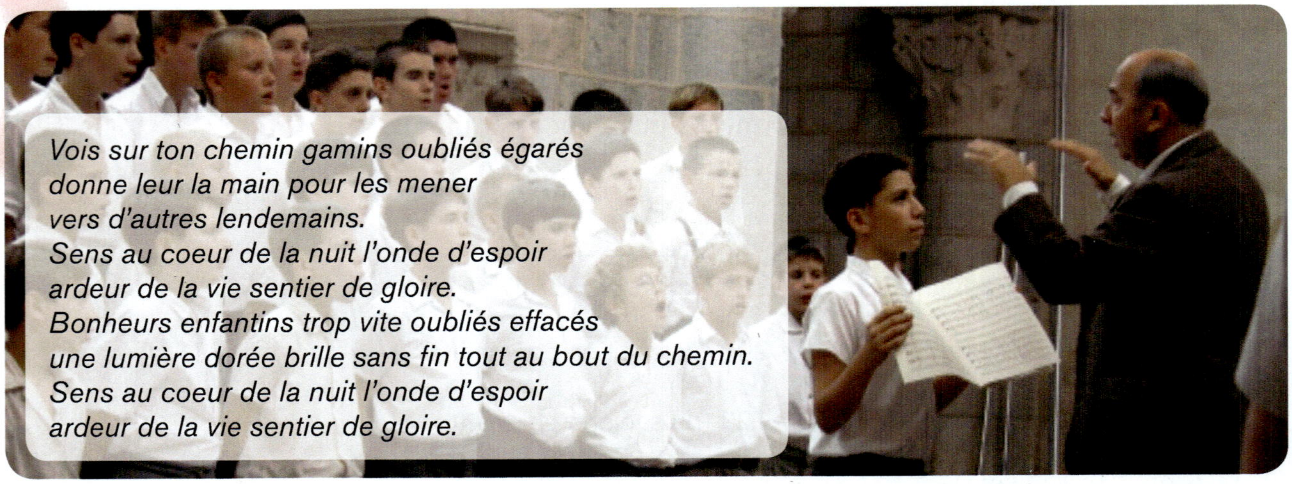

Fotograma de la pel·lícula* Les Choristes, *de Christophe Barratier

8, 9

1 *Vois sur ton chemin* (Bruno Coulais). Escolta una versió d'un fragment de la cançó i canta-la.

Bruno Coulais

2.1. L'accent regular i l'accent irregular

Quan una pulsació destaca sobre les altres s'indica amb un accent (>). Si en un ritme no hi hagués accents, seria un ritme monòton i avorrit. Per tant, els accents donen vida als ritmes.

2 Canta la melodia de la cançó *Vois sur ton chemin* amb el nom de les notes i marca els accents indicats. Observa que són accents regulars.

3 Interpreta el mateix fragment amb els accents canviats i observa com els canvis d'accentuació donen lloc a una versió diferent de la mateixa melodia.

4 Explica a classe quin dels dos exemples t'agrada més i per què. Per què creus que el compositor del tema va escollir l'accentuació regular?

2.2. El compàs

Aquests són els elements gràfics del compàs:

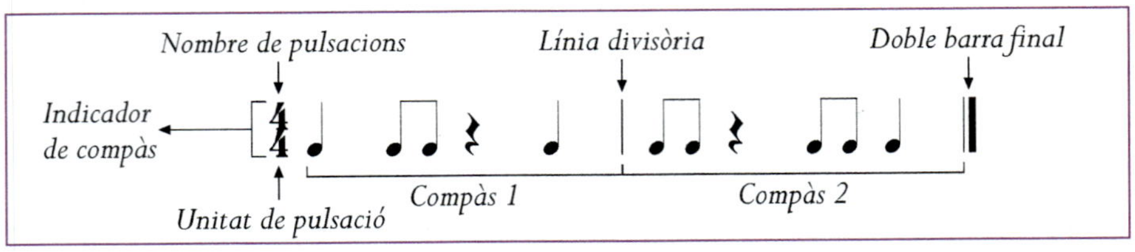

Quadre dels compassos simples			
Binari	*2 = dues pulsacions* *2 = de blanca*	*2 = dues pulsacions* *4 = de negra*	*2 = dues pulsacions* *8 = de corxera*
Ternari	*3 = tres pulsacions* *2 = de blanca*	*3 = tres pulsacions* *4 = de negra*	*3 = tres pulsacions* *8 = de corxera*
Quaternari	*4 = quatre pulsacions* *2 = de blanca*	*4 = quatre pulsacions* *4 = de negra*	*4 = quatre pulsacions* *8 = de corxera*

Compàs binari	Compàs ternari	Compàs quaternari
 Es mesura portant la mà de baix a dalt.	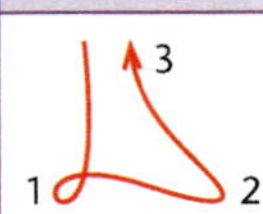 Es mesura portant la mà a baix, a la dreta i a l'esquerra.	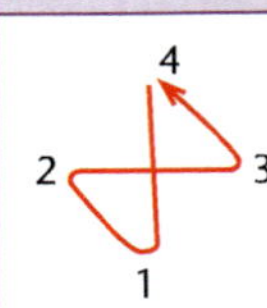 Es mesura portant la mà a baix, a l'esquerra, a la dreta i a dalt.

Pàgina 74-76

5 **Audició.** Compàs quaternari (*Sentimental bolero,* de M. Matte); compàs binari (*The Stars and stripes forever,* de J. Ph. Sousa) i compàs ternari (*Peer Gynt,* «Dansa d'Anitra», d'E. Grieg)

6 Interpreta aquestes cançons tot portant el compàs.

10,11 ■ *Tres i tres i tres fan nou* (Z. Kodály). Recorda que és un cànon.

12, 13 ■ *Amazing grace* (J. Newton). Recorda que té un començament anacrúsic.

14 ■ Fragment de *Tzena, tzena* (J. Hagges, I. Miron, J. Grossman). Fixa't que els accents cauen sobre el 1r temps i el 3r temps.

15 ■ Fragment de *Hallo Django* (Uli Führe). Fixa't en el ritme *swing* que accentua el 2n temps i el 4t temps.

Pàgina 116 **7** **Cos i percussió.** *La marxa del coronel Bogey* (Kenneth Alford)

Pàgina 96 **8** **Repertori.** *Once upon a dream* (Jack Lawrence, Sammy Fain)

Pàgina 126 **9** **Vivències musicals.** *Amazing grace* i els drets humans

2.3. El to i el semitò

El **to** i el **semitò** són les unitats de mesura de l'altura dels sons.

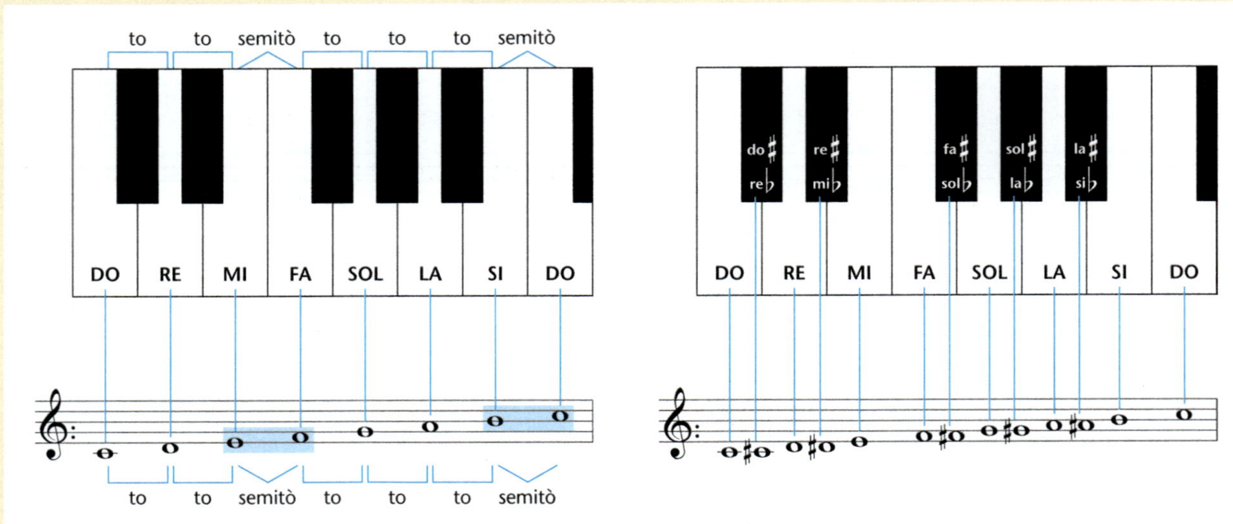

Les alteracions seveixen per modificar l'altura d'una nota.

sostingut ♯	bemoll ♭	becaire ♮
El ♯ puja la nota natural un semitò. 	El ♭ baixa la nota natural un semitò. 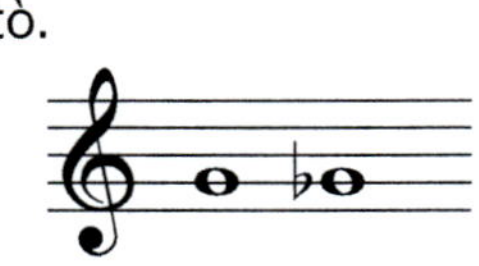	El ♮ anul·la l'alteració anterior. 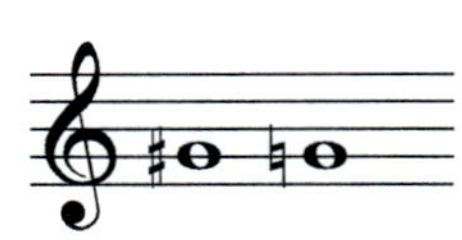

16 **10** *Carmen*. «Havanera» (Georges Bizet). Escolta aquesta melodia i segueix-ne la partitura dient el nom de les notes.

Georges Bizet

11 Analitza quins intervals del tema anterior són de to i quins de semitò.

La mezzosoprano** Gleisy Lovillo **i el tenor** Carlos Silva **en un moment de l'òpera** Carmen, **de Bizet

2.3.1. Les escales en el mode major i en el mode menor

El **mode major** i el **mode menor** segueixen dos patrons diferents. Cada patró té els semitons situats en llocs diferents.

Patró de l'escala del mode major	Patró de l'escala del mode menor
En el mode major (M) els semitons estan situats entre els graus III-IV i VII-VIII.	En el mode menor (m) els semitons estan situats entre els graus II-III i V-VI.
I II **III IV** V VI **VII VIII/I** *to to st to to to st*	I **II III** IV **V VI** VII VIII/I *to st to to st to to*

12 Canta els tres primers graus de cada patró.

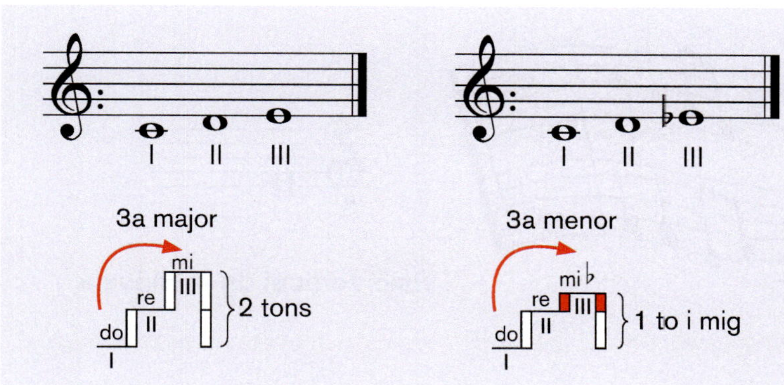

13 Segueix en el musicograma aquesta frase musical de l'obra *The clowns*, de Dmitri Kabalevski, i observa com enllaça en una mateixa melodia els tres primers graus en mode major i en mode menor.

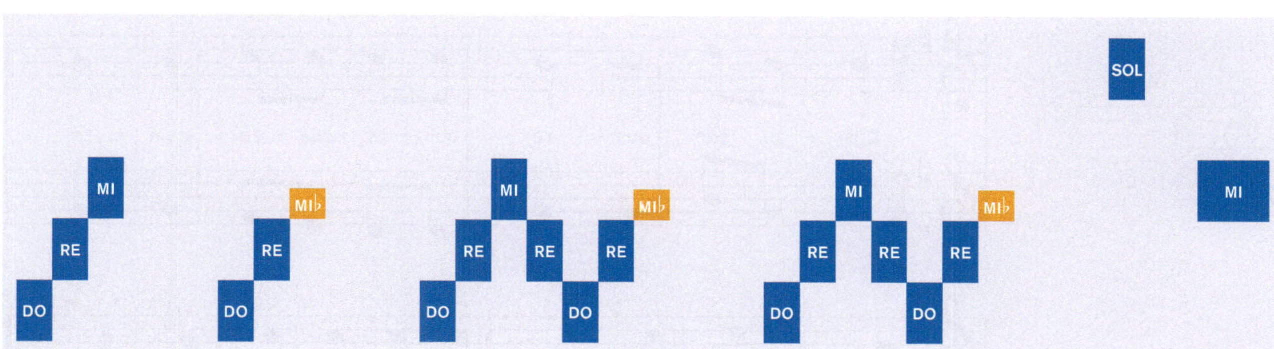

14 Escolta aquestes melodies i determina si són construïdes amb l'escala major o amb l'escala menor. Si en acabar cada fragment cantes els tres primers graus de cada mode, t'ajudarà a descobrir-ho.

2.4. Melodia i harmonia

Dues notes seguides formen un **interval melòdic**. El seguit d'intervals melòdics construeixen la **melodia** d'una peça musical.

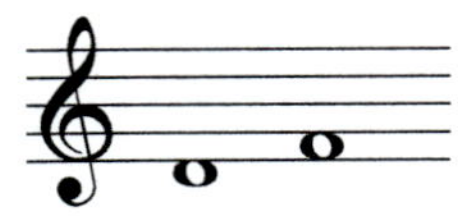

Visió horitzontal de la música

Dues notes alhora fan un **interval harmònic**. El seguit d'intervals harmònics construeixen l'**harmonia** d'una peça musical.

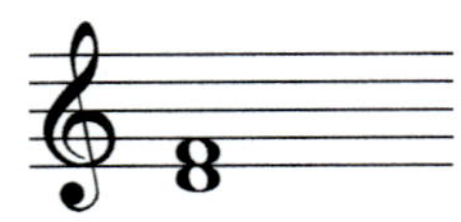

Visió vertical de la música

15 Fixa't en les partitures següents i observa les diferents maneres de compondre amb dues melodies alhora. Interpreta-les.

19,20 ■ Dues melodies a distància de terceres: *Quinze són quinze.*

A terceres

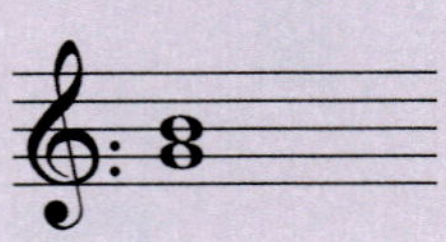

Popular catalana

21,22 ■ Una melodia a cànon: *Frère Jacques*.

23 ■ Una melodia amb obstinat harmònic: *Blues en re*.

8, 9 **16** Segueix el musicograma de *Vois sur ton chemin* mentre l'escoltes.

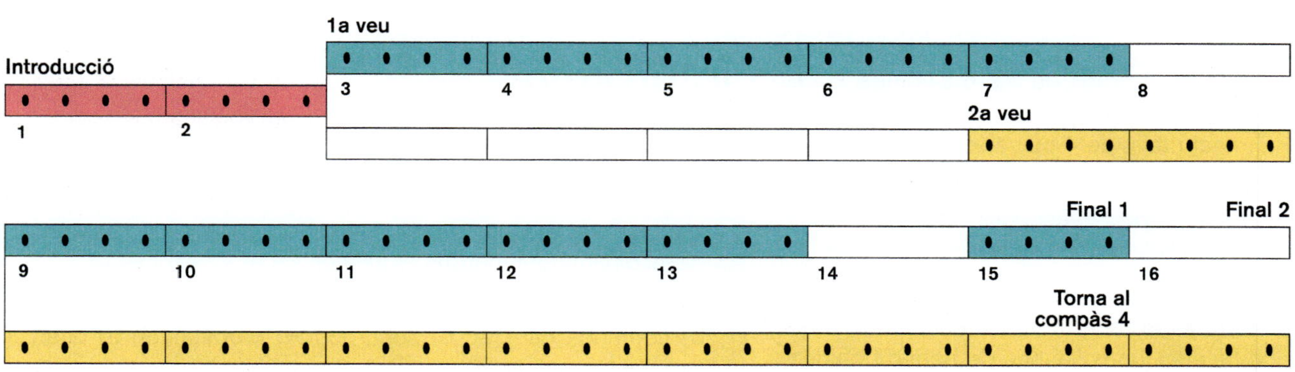

Pàgina 84 **17 Audició.** Els aeròfons

Pàgina 97 **18 Repertori.** *Jo voldria que tot l'any fos com Nadal* (Jon Bon Jovi, J. Bardagí)

Quadern: pàg. 6-9

El racó de la web

Imitem The Stomp

The Stomp en una de les seves actuacions

Connecta't:

Entra en el web *www.espaibarcanova.cat* i clica l'enllaç 1 de la unitat 2 del llibre de primer cicle d'ESO de Música.

Informa-te'n:

The Stomp és un grup que transforma tot un seguit d'objectes quotidians en instruments rítmics. La pàgina web és en anglès, però amb l'ajuda del professor de música i del professor d'anglès, segur que pots descobrir qui són i què fan.

Crea:

- Formeu grups de 5 o 6 alumnes. Cada membre del grup ha de crear un obstinat rítmic de 4 pulsacions (♩ = 100).
- És important que recordeu bé l'obstinat. El podeu escriure, però si us resulta difícil també el podeu enregistrar.
- L'obstinat l'heu de percudir amb un objecte, com ara una escombra, unes aletes, unes llaunes de beguda buides, unes raquetes de ping-pong, unes carmanyoles de plàstic, uns didals, paper de diari… i tot el que la vostra imaginació us suggereixi.

Interpreta:

- Fent cadena: cadascú percudeix el seu obstinat en l'ordre que decidiu, sense perdre la pulsació.
- Superposant: decidiu un ordre i aneu sumant els ritmes. Una vegada tots els ritmes estan superposats, podeu afegir-hi dinàmiques perquè sigui més variat.
- Interpretació guiada. Per exemple: a) tots al mateix temps; b) comença cadena; c) superposició d'obstinats; d) una consigna per acabar.
- Cada grup ha de representar la seva interpretació a la resta dels companys.
- Enregistreu les interpretacions i gaudiu de l'espectacle.

Avaluació

1 Defineix què és la pulsació i explica'n les característiques.

24 **2** Escolta les endevinalles següents, copia-les i escriu sobre el text on cau exactament la pulsació.

a) «Una senyora molt ensenyorada,
sempre va al seu cotxe i va mullada.»

b) «Tinc les potes que té un gos
i els bigotis dels senyors.»

25 **3** Ara recita les endevinalles sobre la base rítmica.

4 Explica quines diferències hi ha entre les figures rítmiques i les notes.

5 Les figures rítmiques tenen durades fixes?

6 Per a què serveixen el puntet i la lligadura?

7 Què és el *tempo*? Per a què serveix?

8 Explica què és el timbre d'un instrument i de quins elements depèn.

9 Com funcionen els instruments electròfons? Posa'n algun exemple.

10 Explica amb paraules teves què és el compàs.

11 Per a què serveix l'indicador de compàs? Especifica les funcions del numerador i les del denominador.

12 Escriu tots els indicadors possibles del compàs binari i explica què volen dir.

13 Què són el to i el semitò?

14 Escriu les alteracions que coneixes i per a què serveixen.

15 En què es diferencien una escala major i una escala menor? Escriu-ne els patrons.

16 Com pots reconèixer si una cançó està en mode major o en mode menor?

17 Explica amb paraules teves el concepte de visió horitzontal de la música i el de visió vertical de la música.

18 Escriu el nom de tres instruments aeròfons: un de bisell, un de llengüeta i un de broquet.

Fem memòria

Pulsació

La **pulsació** és l'element rítmic que ordena la música en el temps, com a batec regular, continu i constant.
Serveix per establir la **unitat de pulsació**, és a dir, si la unitat és la figura de la blanca, de la negra o de la corxera, i el *tempo* o velocitat de la música, és a dir, quantes pulsacions per minut té.

Ritme

Les **figures rítmiques** representen gràficament la durada dels sons. No tenen durades fixes però sí equivalències fixes entre si.

El **puntet** serveix per allargar el so la meitat del valor que el precedeix.

La **lligadura** uneix la durada de dos sons.

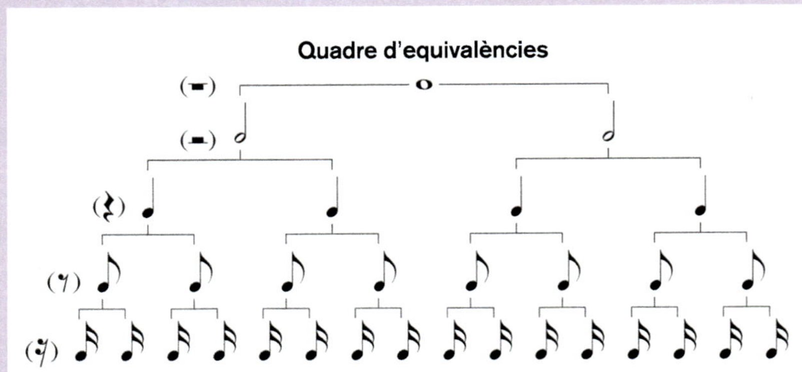

Quan una pulsació destaca sobre les altres s'indica amb un **accent**. Els accents marcats d'una manera **regular** donen lloc al **compàs.**

Els **accents** marcats d'una manera **irregular** donen lloc a la **síncope** i al **contratemps**.

Quadre dels compassos simples			
Binari	*2 = dues pulsacions* *2 = de blanca*	*2 = dues pulsacions* *4 = de negra*	*2 = dues pulsacions* *8 = de corxera*
Ternari	*3 = tres pulsacions* *2 = de blanca*	*3 = tres pulsacions* *4 = de negra*	*3 = tres pulsacions* *8 = de corxera*
Quaternari	*4 = quatre pulsacions* *2 = de blanca*	*4 = quatre pulsacions* *4 = de negra*	*4 = quatre pulsacions* *8 = de corxera*

Fem memòria

Melodia

El **to** i el **semitò** són les unitats de mesura de l'altura dels sons.

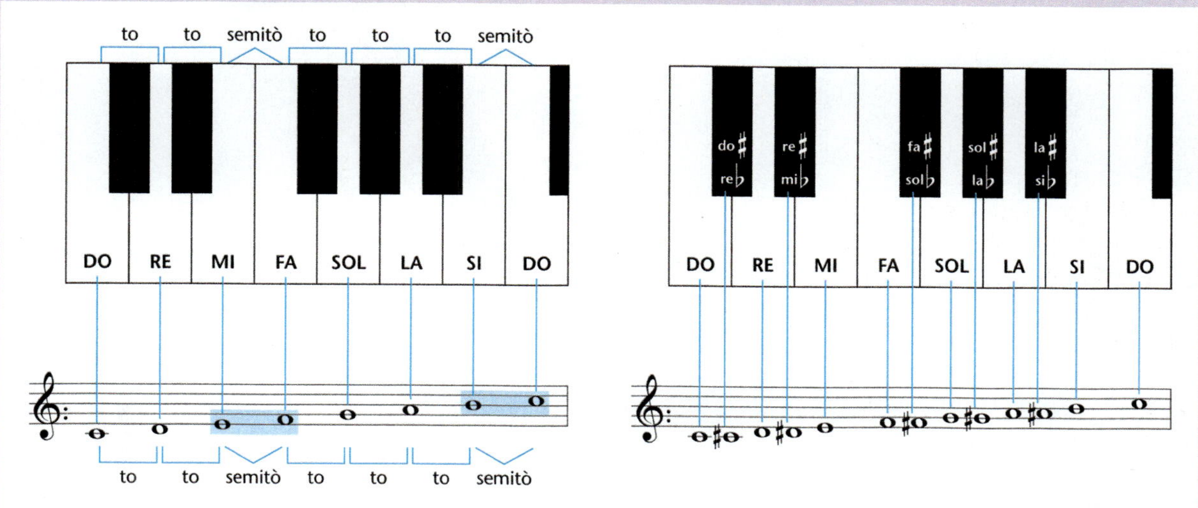

L'escala de **do major** és el model de totes les escales majors. La tònica (I) dóna nom a l'escala.

Les **alteracions** seveixen per modificar l'altura d'una nota: el ♯ (sostingut) puja la nota natural un semitò, el ♭ (bemoll) baixa la nota natural un semitò i el ♮ (becaire) anul·la l'alteració anterior.

L'escala major i l'escala menor donen lloc al mode major i al mode menor. Cada patró d'escala té els semitons situats en llocs diferents.

Patró de l'escala del mode major	Patró de l'escala del mode menor
En el mode major (M) els semitons estan situats entre els graus III-IV i VII-VIII.	En el mode menor (m) els semitons estan situats entre els graus II-III i V-VI.
I II III IV V VI VII VIII/I *to to st to to to st*	I II III IV V VI VII VIII/I *to st to to st to to*

Dues notes seguides formen un **interval melòdic**. El seguit d'intervals melòdics construeixen la **melodia**.

Visió horitzontal de la música

Dues notes alhora fan un **interval harmònic**. El seguit d'intervals harmònics construeixen l'**harmonia** d'una peça musical.

Visió vertical de la música

3. *Bona nit*

Lluís Gavaldà, cantant del grup Els Pets

26 **1** *Bona nit* (Els Pets). Escolta la cançó.

3.1. L'arquitectura de la música

28, 29 **2** *Somni d'una nit d'estiu.* «Scherzo» (Felix Mendelssohn). Escolta el primer fragment i a continuació, el segon, on hi ha la idea musical inicial. Fixa't que tota l'obra és un desenvolupament de la primera idea.

Construir en arquitectura és com **compondre** en música.

El compositor té una idea musical

Elabora una frase — frase a

La primera frase li'n suggereix una altra — frase b

Ha costruït un tema musical — frase a, frase b: **Tema musical**

26 **3** Torna a escoltar l'arranjament de la cançó i fixa't en els petits canvis melodicorítmics que hi ha respecte de la primera idea musical.

Tema A

frase a | frase a

Per compondre el tema B (la tornada), el compositor ha enllaçat un nou motiu melòdic per tornar després a la melodia de la frase a.

Tema B

frase b | frase a

La **forma** o **estructura** de la cançó *Bona nit* és, doncs, la següent:

Tema A		Tema A		Tema B		Tema A		Tema B	
frase a	frase a	frase a	frase a	frase b	frase a	frase a	frase a	frase b	frase a

3.2. La frase musical

És un fragment melodicorítmic en el qual una idea musical neix i creix. Cada frase s'indica amb lletres minúscules.

Hi ha:

- **Frases suspensives** (si produeixen sensació de pregunta o suspens musical).
- **Frases conclusives** (si produeixen sensació de resposta, de final, de conclusió de la idea musical).

30 **4** *Banana boat song* (Harry Belafonte). Escolta la cançó i segueix el musicograma.

a b	a b	a' b	a' b	a" b	a" b	a"' b	a"' b
S C	S C	S C	S C	S C	S C	S C	S C
a b	a b	a" b	a" b	a"' b	a"' b	a' b	a' b
S C	S C	S C	S C	S C	S C	S C	S C

27 **5** Interpreta *Bona nit*. Després, digues quines són les frases suspensives i quines, les conclusives.

Pàgina 100 **6** **Repertori.** *Love me tender*

3.3. El tema musical

El **tema musical** és un conjunt de frases musicals en les quals es desenvolupa una idea. Cada tema s'indica amb lletres majúscules.

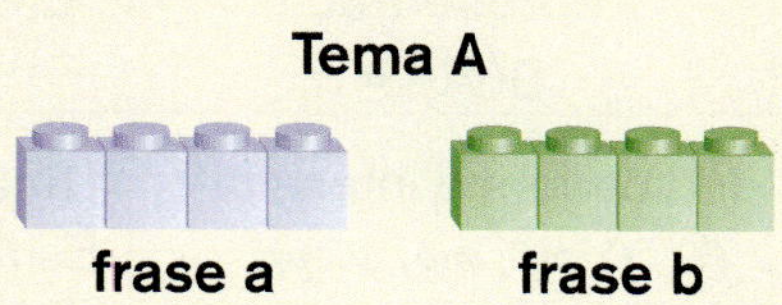

***Els protagonistes de la sèrie de dibuixos animats* Els Picapedra**

7 Llegeix els temes de la banda sonora dels dibuixos *Els Picapedra*. Observa les frases que formen el tema A i la que representa el tema B.

Tema A

Frase a

Frase a'

Tema B

Frase b

8 Observa en el musicograma com el compositor va ordenar els temes per construir l'estructura interna de la cançó.

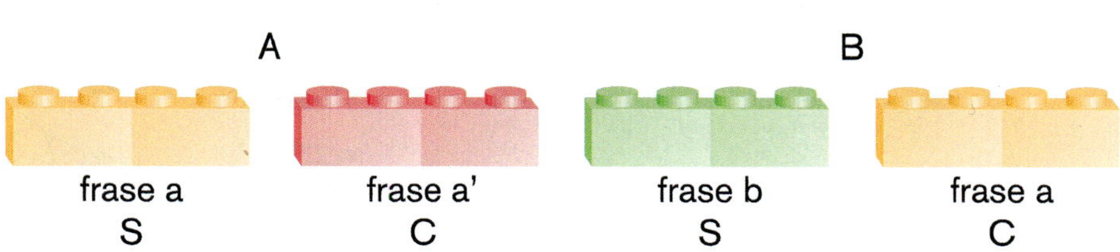

Pàgina 101

9 **Repertori.** *Els Picapedra* (Hoyt Curtin)

Pàgina 77

10 **Audició.** *Quintet per a cordes núm. 5, op.13.* «Minuet» (Luigi Boccherini)

3.4. La dinàmica dóna estructura

11 Aprèn els conceptes i interioritza'ls.

Qualitat del so	Tipus de sons	Representació gràfica	Element intern de la música
Intensitat Depèn de l'amplitud de l'ona sonora. És el volum del so.	Sons forts 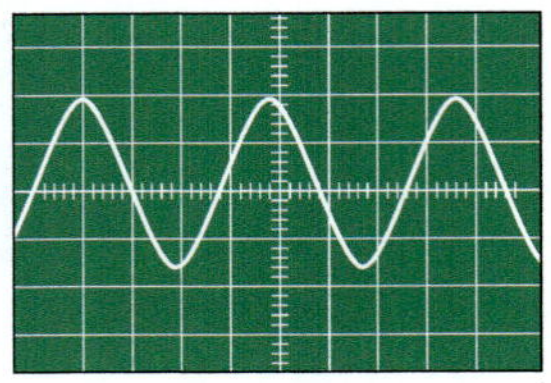 Sons fluixos 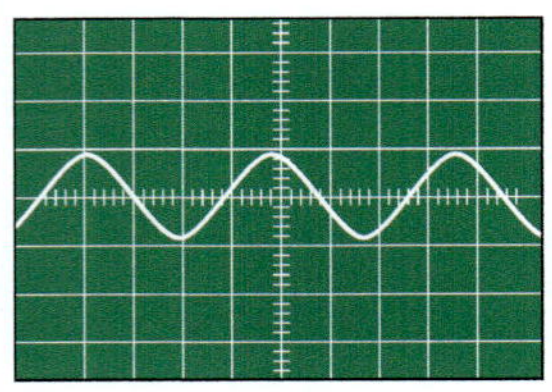	Indicadors d'intensitat: *ff*, *f*, *mf*, *mp*, *p*, *pp* Reguladors d'ntensitat: *Crescendo (cresc.)* 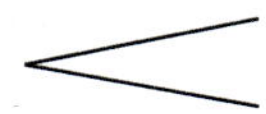 *Diminuendo (dim.)* 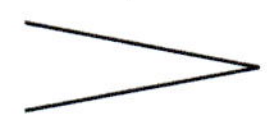	**Dinàmica** És aquell element que defineix els canvis d'intensitat d'una peça musical.

12 Escolta aquestes peces musicals i observa en els musicogrames com l'eco musical, és a dir, la repetició més *piano* d'un mateix fragment musical, ha estat utilitzada pels compositors per estructurar i diferenciar els temes que han compost.

31 ■ *Música per als reials focs artificials.* «Minuet II» (G. F. Händel)

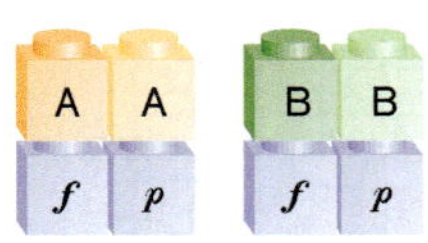

32 ■ *Concert per a trompetes per a les Festes del Canal de Versalles.* «Air des ecos» (Michel-Richard Delalande)

Tema A

Tema A

Tema B

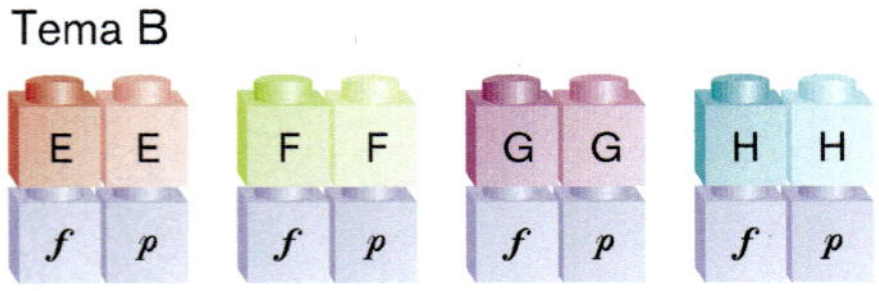

Tema B

3.5. El compositor i l'intèrpret

Bach, a més d'un gran compositor, també era un excel·lent organista

Johann Sebastian Bach va compondre l'«Ària» de la *Suite núm. 3 en re major* entre els anys 1717 i 1723. Va escriure'n la partitura per encàrrec del seu mecenes d'aquell període, el príncep Leopold d'Anhalt-Köthen.

> El **compositor** és qui fa la primera creació. Compon la peça musical i n'escriu la partitura.

33 **13** *Suite núm. 3 en re major*. «Ària». Escolta'n tres versions.

1. La més fidel a la partitura original: The Academy of Ancient Music

2. La més personal: Bobby McFerrin

3. La més moderna (estil *hip-hop*): Sweet Box

L'intèrpret fa la segona creació. Toca o canta la partitura donant el seu toc o estil personal a l'obra. L'intèrpret és imprescindible per fer real i viva la música.

14 Posa en comú a la classe el valor de cada interpretació.

Pàgina 125 **15** **Vivències musicals.** Viure la música intensament

3.6. La composició musical

16 Interpreta la frase suspensiva (pregunta) amb cada una de les frases conclusives (resposta). Després, tria la que més t'agradi.

Pregunta	Resposta

17 Inventa't una nova resposta de quatre pulsacions amb ritmes que sàpigues interpretar. Segueix aquest esquema i escriu-la a la llibreta per no oblidar-la.

• • • •!

18 Escriu també una pregunta per a la resposta que acabes d'inventar.

• • • •?

19 Interpreta la teva pregunta i la teva resposta amb els indicadors següents:

• = 60

• • • •? • • • •!
f *p*

20 Torna a interpretar la pregunta i la resposta que has creat, però canvia'n el ritme, el *tempo*, la dinàmica i el timbre. També pots utilitzar els signes de repetició per elaborar una segona interpretació diferent de la primera.

21 Crea una altra frase rítmica que tingui vuit pulsacions i escriu-la. Has de procurar que quedi bé amb la que ja has compost. Afegeix-hi l'indicador de compàs, les línies divisòries i la doble barra final.

22 Ara, escriu tot el tema rítmic que t'has inventat.

Compondre és inventar frases i temes musicals nous amb eines musicals conegudes: figures rítmiques, notes, dinàmiques, *tempo* i timbres.

3.7. La improvisació

Improvisar és crear mentre s'està interpretant un tema. Aquest tema sempre servirà de model per fer noves invencions.

Trucs per aprendre a improvisar:

- Aprendre a fer versions variant un tema: repetint notes, afegint notes, construint salts melòdics, etc.
- Aprendre a combinar les tècniques anteriors mentre s'interpreta.

Pàgina 102

23 **Repertori.** *Blues en re*

24 Interpreta la primera frase de la cançó *Blues en re.*

25 Repeteix nota: canvi rítmic.

26 Afegeix un ornament.

27 Construeix salts melòdics.

28 Fes una combinació de totes les tècniques.

23

29 Memoritza la cançó i combina les tècniques apreses mentre la interpretes. Prova-ho! Només cal saber mantenir la pulsació.

Pàgina 86

30 **Audició.** Els cordòfons

Pàgina 78

31 **Audició.** El *pizzicato*. *Pizzicato polca* (Johann Strauss, fill)

Quadern: pàg. 10-13

4. *Libre*

34,35 **1** *Libre* (Nino Bravo). Escolta la cançó i, després, canta-la.

4.1. La tonalitat

La **tonalitat** és un món sonor amb una escala pròpia que gira al voltant d'un centre tonal, que es diu tònica. La **tònica** representa el primer grau de l'escala (I).

El món sonor del do:

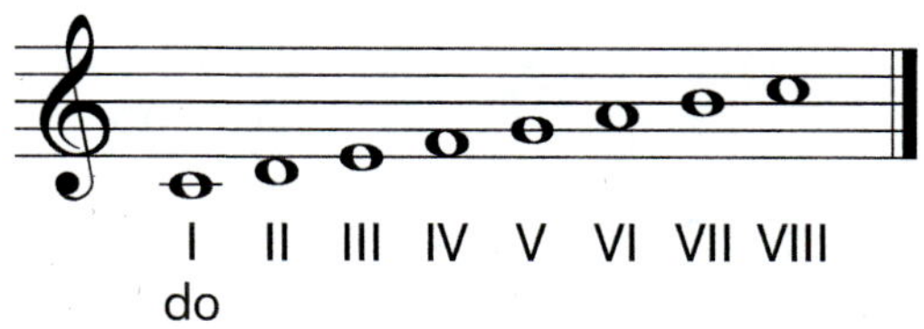

Cada tonalitat segueix un patró:

Patró major								Patró menor							
I	II	III	IV	V	VI	VII	VIII I	I	II	III	IV	V	VI	VII	VIII I
to	to	st	to	to	to	st		to	st	to	to	st	to	to	

Hi ha 42 tonalitats:

Vint-i-una tonalitats majors							Vint-i-una tonalitats menors						
do M	re M	mi M	fa M	sol M	la M	si M	do m	re m	mi m	fa m	sol m	la m	si m
do♯ M	re♯ M	mi♯ M	fa♯ M	sol♯ M	la♯ M	si♯ M	do♯ m	re♯ m	mi♯ m	fa♯ m	sol♯ m	la♯ m	si♯ m
do♭ M	re♭ M	mi♭ M	fa♭ M	sol♭ M	la♭ M	si♭ M	do♭ m	re♭ m	mi♭ m	fa♭ m	sol♭ m	la♭ m	si♭ m

Cada tonalitat té les seves alteracions (♯ o ♭) i es posen en l'armadura.

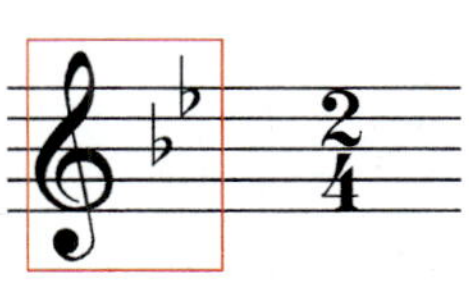

Els compositors componen habitualment les seves peces musicals en una tonalitat principal (do major, la menor, fa major...), però sovint dins la peça hi ha temes en tonalitats diferents de la principal.

2 Busca la versió original de la cançó *Libre*, de Nino Bravo, i segueix el musicograma. Observa que ha construït la cançó component els temes en diferents tonalitats i modes (si menor, re major i re # major).

A		B			B		
a	a	b	c	d	b	c	d
si menor		re major			re ♯ major		

Cada tonalitat té un color sonor. El món de les tonalitats és com un arc de Sant Martí sonor

4.2. Les funcions tonals

El **grau tonal** és el lloc que ocupa cada nota en una escala. En cada tonalitat hi ha 7 graus.

Tonalitat de do major	Tonalitat de la menor
Escala de do major 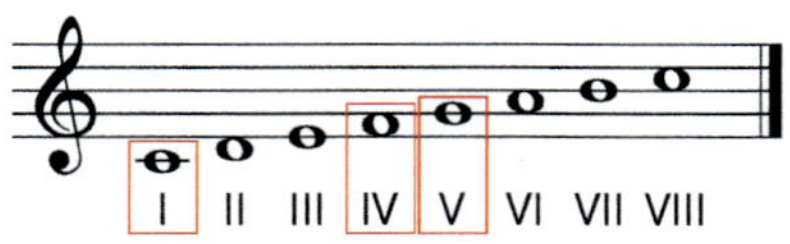	Escala de la menor 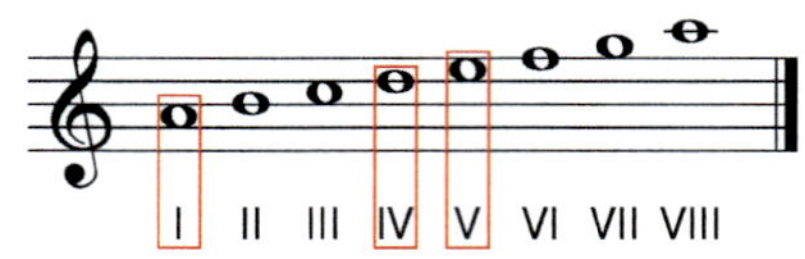

Cada grau compleix una funció determinada dins una tonalitat. Els graus més importants són aquests:

I (funció de tònica)	IV (funció de subdominant)	V (funció de dominant)

Sobre cada grau es poden formar acords:

tònica (I)	subdominant (IV)	dominant (V)

sensació de repòs	sensació de tensió i suspens	sensació d'allunyament de la tònica

36 **3** *Baby elephant walk* (Henry Mancini). Escolta aquesta melodia acompanyada d'un baix que fa les funcions tonals de tònica, subdominant i dominant. Segueix-lo a la partitura, primer cantant el nom de la nota i després substituint-lo per I, IV i V.

Henry Mancini

4.3. El *blues*

Patró de funcions tonals per a la roda d'acords del *blues*:

I	I/IV	I	I	
IV	IV	I	I	
V	IV	I	1 V :	2 I

37 **4** *Blues en re II*. Escolta aquest *blues* i al mateix temps canta els graus de la roda d'acords.

5 Observa a la partitura les notes fonamentals de la tònica, subdominant i dominant.

6 Feu dos grups a la classe i interpreteu el *Blues en re II* a dues veus. Feu la segona veu amb la nota fonamental de cada acord.

4.4. Tonalitats relatives

Escala de do major	Escala de la menor
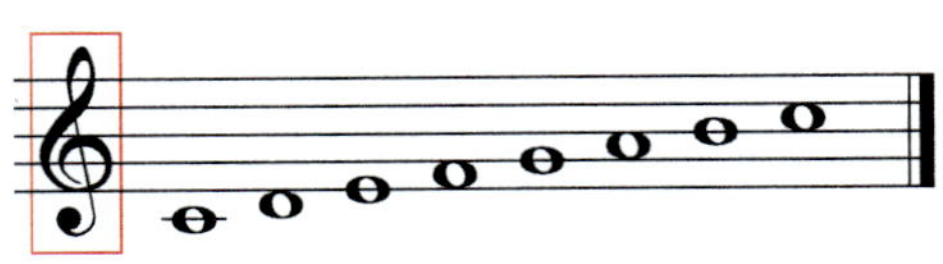	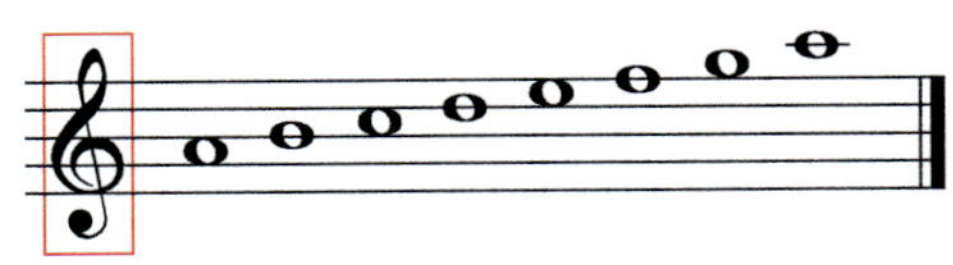

34 **7** *Libre* (Nino Bravo). Escolta aquest arranjament i observa com contrasten en melodia i en mode els temes A i B.

A		B		
a	a	b	c	d
la menor		**do major**		

8 Torna a la pàgina 38 i interpreta la cançó amb l'estructura A B. Fixa't que en cada tema el mode suggereix un caràcter determinat.

9 Compara aquesta partitura del tema A amb la de la pàgina inicial. Fixa't en la variació rítmica que s'ha produït. Canta-la amb el nom de les notes i portant la pulsació. Després, interpreta-la amb el teu instrument.

Escala de fa major	Escala de re menor
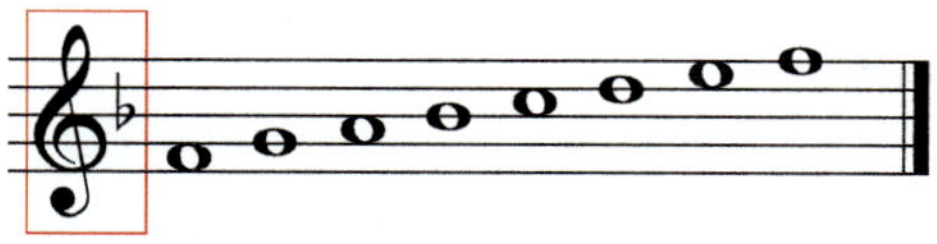	

38 **10** *The sound of silence* (Paul Simon). Escolta aquest arranjament de la cançó i observa, tot seguint el musicograma, que el compositor ha canviat de mode a cada frase.

A		B	
a	b	c	d
re menor	**fa major**	**fa major**	**re menor**

Art Garfunkel i Paul Simon

39 **11** Interpreta la cançó amb l'estructura A B. Fixa't que el canvi de mode fa evolucionar el caràcter de cada frase.

A

Frase a: re menor (caràcter intimista)

Frase b: fa major (caràcter més extravertit que a la frase a)

B

Frase c: fa major (caràcter més intens que a la frase b)

Frase d: re menor (retorn a la intimitat, caràcter conclusiu)

4.5. Tonalitats homònimes o paral·leles

do major

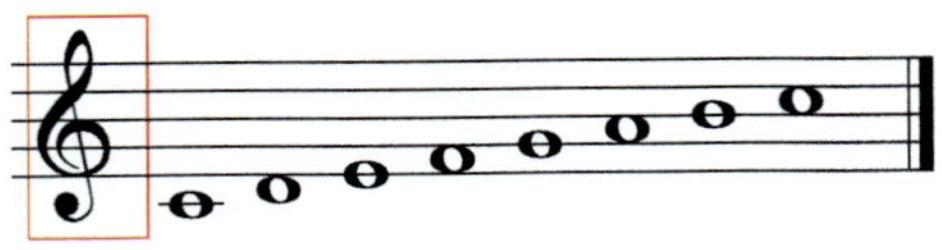

do menor

40 **12** *Tengo la camisa negra* (Juanes). Escolta la versió original de la cançó i segueix en el musicograma com combina dues tonalitats homònimes.

El cantant colombià Juanes

A	A	B	C	C
fa ♯ menor	fa ♯ menor	fa ♯ menor	fa ♯ major	fa ♯ major

A	A	A	A
fa ♯ menor	fa ♯ menor	fa ♯ menor instrumental	fa ♯ menor instrumental

A	A	B	C	C
fa ♯ menor	fa ♯ menor	fa ♯ menor	fa ♯ major	fa ♯ major

A	A	A	A
fa ♯ menor	fa ♯ menor	fa ♯ menor	fa ♯ menor

13 Busca un adjectiu que qualifiqui el caràcter dels temes en menor i un altre per al caràcter dels temes en major.

Pàgina 103 **14** **Repertori.** *Tengo la camisa negra* (Juanes)

4.6. Repassem tonalitats

Cap alteració en l'armadura	
do major	la menor
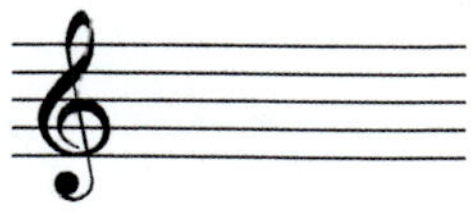	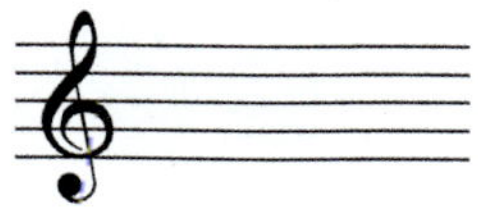
1 ♭ (bemoll) en l'armadura	
fa major	re menor

1 ♯ (sostingut) en l'armadura	
sol major	mi menor

L'**armadura** és el conjunt de sostinguts o bemolls que s'escriuen al costat de la clau. Ens indica la **tonalitat**.

15 Observa amb quina nota acaba la cançó *Libre*: ens indica la tonalitat.

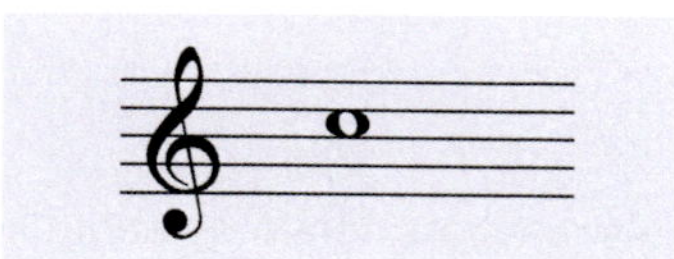

- Amb quina nota acaba *Vois sur ton chemin*? Per tant, quina és la tonalitat d'aquesta cançó? I la tonalitat de *Tres i tres i tres fan nou*? I la de *Once upon a dream*?

16 Busca les partitures de les peces musicals que has après fins ara i digues en quina tonalitat és composta cada una.

Pàgina 79
17 **Audició.** Els gèneres musicals

Pàgina 128
18 **Vivències musicals.** La música i Europa

Pàgina 88
19 **Audició.** La percussió

Quadern: pàg. 14-17

El racó de la web

La memòria musical

Quina és la primera melodia que recordes? La memòria musical de cadascú de nosaltres ve determinada per la pròpia història, l'entorn familiar, els amics, l'educació rebuda...

© Martí E. Berenguer

Connecta't:

Entra en el web *www.espaibarcanova.cat* i clica l'enllaç 1 de la unitat 4 del llibre de primer cicle d'ESO de Música. Descobreix com funciona i quina música pots trobar al Mercat de Música Viva de Vic. És un aparador de grups musicals consolidats i nous. Un cop a l'any, la plaça Major i altres espais de la ciutat es converteixen en escenaris.

Recerca:

- Si treballes en equip, la posada en comú dels resultats serà més enriquidora.
- Entrevista gent d'edats diferents (adolescents, joves, adults i avis) que et puguin contestar aquestes preguntes:

Sexe	Edat	Quina és la primera cançó que recorda de la infància?	Quin és el seu tema musical favorit?

Compara:

- Si les respostes de persones d'edat semblant coincideixen.
- Si el sexe és determinant en la resposta.
- Si el tema musical favorit és una cançó amb lletra o un tema instrumental.

Treu conclusions dels resultats de l'enquesta.

Avaluació

41 **1** Escolta aquest fragment musical i explica què ha succeït en la frase musical.

42 **2** Escolta aquests fragments musicals i determina si són iguals o diferents.

3 Ordena els sintagmes següents i forma una frase: un llibre / L'Anna / a la seva mare / pel seu aniversari. / va comprar

43 **4** Escolta aquest fragment en què hi ha una frase suspensiva (pregunta) i quatre possibles respostes, de les quals n'hauràs de triar una.

5 Explica les etapes que segueix un compositor des que té una idea musical fins que acaba una peça.

6 Inventa frases rítmiques conclusives per a aquestes preguntes rítmiques:

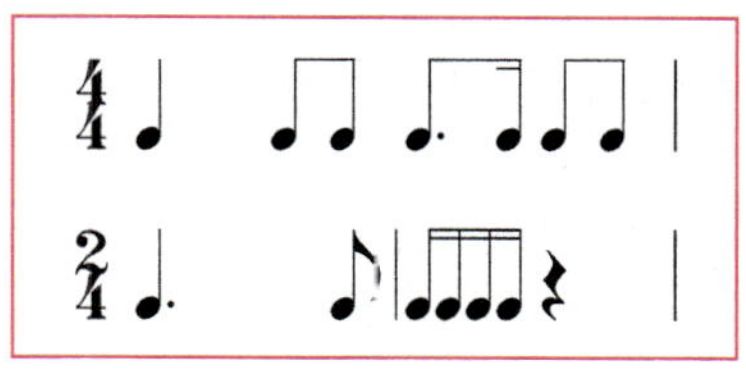

7 Què significa *improvisar* en música?

8 Posa a prova la teva memòria musical. Escolta els fragments musicals que el professor triï i digues quin és el títol de cada un.

9 Copia la frase següent i completa-la:
«La tonalitat és ... amb ... que gira al voltant d'un centre tonal, que es diu ... »

10 Escriu l'escala de do major i emmarca'n la tònica, la subdominant i la dominant.

11 Què són les tonalitats relatives? Escriu un exemple de tonalitats relatives amb les armadures respectives.

12 Copia la frase següent i completa-la:
«Les tonalitats homònimes tenen ... i ... diferents, però tenen la mateixa ... »

13 Quina és la tonalitat homònima de do major?

14 Digues quina diferència hi ha entre ser compositor i ser intèrpret.

Fem memòria

Compondre és inventar **frases i temes musicals** nous amb eines musicals, com ara figures rítmiques, notes, dinàmiques, timbres…

La frase musical

És un **fragment** melodicorítmic en el qual una idea musical neix i creix. Cada frase s'indica amb **lletres minúscules**. Hi ha **frases suspensives**, si produeixen sensació de pregunta o suspens, i **frases conclusives**, si produeixen sensació de resposta, de final, de conclusió.

El tema musical

És un **conjunt de frases musicals** en les quals es desenvolupa una idea. Cada tema s'indica amb **lletres majúscules**.

Tema A

P R P R — P R P R

frase a — **frase b**

L'obra musical

És el **conjunt de temes musicals** ordenats segons **l'estructura** que el compositor ha escollit.

Tema A

P R P R — P R P R

frase a — **frase b**

Tema B

P R P R — P R P R

frase a — **frase b**

El compositor i l'intèrpret

El **compositor** és qui fa la primera creació. Compon la peça musical i n'escriu la partitura.

L'**intèrpret** fa la segona creació. Toca o canta la partitura donant a la peça musical un toc o estil personal. És imprescindible per fer real i viva la música.

A vegades l'intèrpret **improvisa**, és a dir, crea mentre està interpretant un tema. Aquest tema sempre servirà de model per fer noves improvisacions.

La dinàmica

És l'element musical que defineix els **canvis d'intensitat d'una peça musical**. S'indiquen amb els **reguladors** d'intensitat.

crescendo (cresc.)

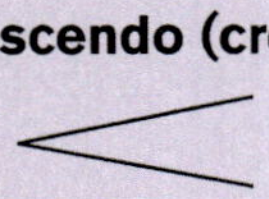

diminuendo (dim.)

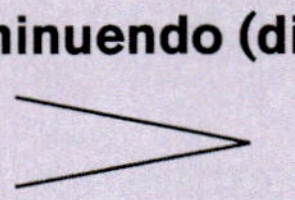

Fem memòria

La tonalitat

La **tonalitat** és un **món sonor** amb una **escala pròpia** que gira al voltant d'un centre tonal, que es diu tònica. La **tònica** representa el **primer grau** de l'escala (I).

I II III IV V VI VII VIII
do

Cada tonalitat segueix un patró:

Patró major	Patró menor
I II III IV V VI VII VIII/I	I II III IV V VI VII VIII/I
to to st to to to st	to st to to st to to

Hi ha **42 tonalitats**: 21 tonalitats majors i 21 tonalitats menors.

L'armadura

És el conjunt de sostinguts o bemolls que es posen al costat de la clau. Ens indica la **tonalitat**.

do major o la menor 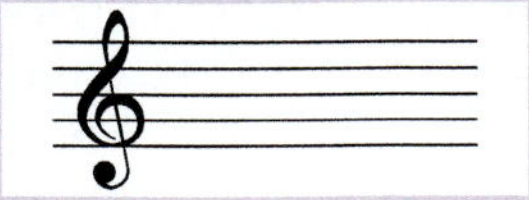

fa major o re menor 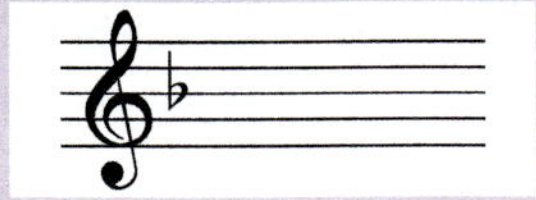

sol major o mi menor 

Les funcions tonals

El **grau tonal** és el lloc que ocupa cada nota en una escala. En cada tonalitat hi ha 7 graus.

tònica (I)	subdominant (IV)	dominant (V)
centre tonal: sensació de repòs	sensació de tensió i suspens	sensació d'allunyament de la tònica

Les tonalitats relatives

Tenen **tònica i mode diferents**, però són tonalitats molt familiars, ja que tenen la **mateixa armadura.**

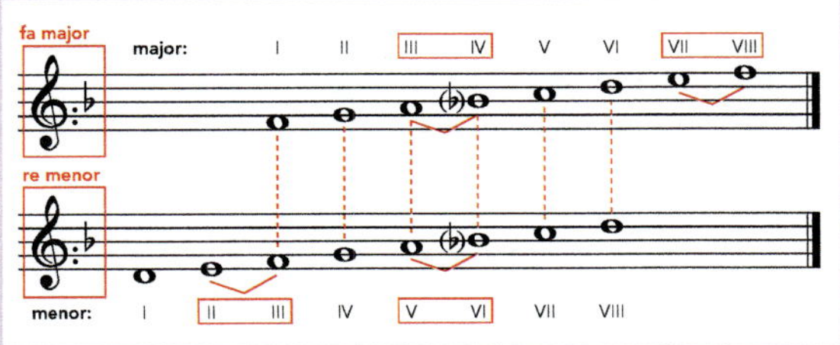

Les tonalitats homònimes o paral·leles

Són tonalitats que tenen la **mateixa tònica** (I), però **mode i armadura diferents**.

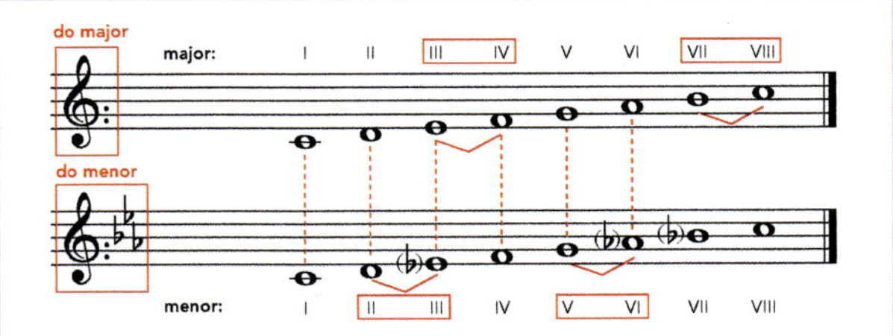

5. *We are the champions*

Actuació de Queen. En primer pla, el cantant del grup: Freddie Mercury

44,45 **1** *We are the champions* (Freddie Mercury). Escolta l'arranjament d'un fragment d'aquesta cançó i, després, canta'l.

5.1. El compàs de 6/8

El compàs de 6/8 és un **compàs binari compost**. Té dos temps i cada temps se subdivideix en tres parts.

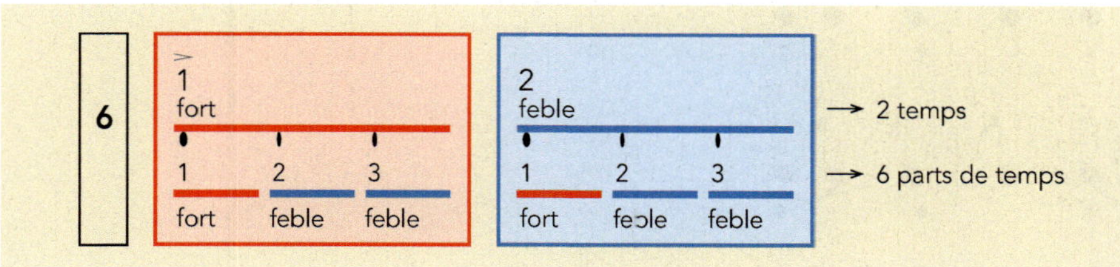

El nombre 8 simbolitza la ♪

2 Observa.

Compàs de 6/8	– Unitat de temps ♩. – Cada temps el podem subdividir en 3 ♪	– Unitat de compàs 𝅗𝅥.

3 Escalfament rítmic. Feu tres grups i piqueu els ritmes. Aneu canviant de grup per tal d'exercitar tots els ritmes: ♪ = 90

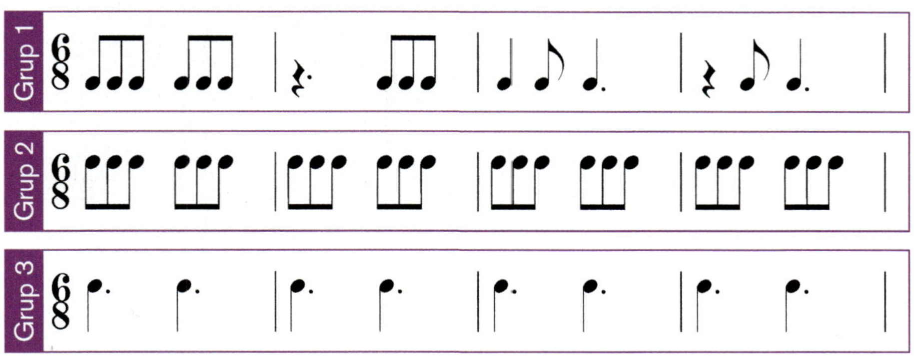

4 Observa les figures rítmiques bàsiques del compàs de 6/8.

Figures	♩.	♩ ♪	♪♪♪	♪. ♬	♪ ♬♪
Subdivisió ♪	♪♪♪	♪♪♪	♪♪♪	♪♪♪	♪♪♪
Pulsació ♩.	♩.	♩.	♩.	♩.	♩.

5 Pica el ritme següent:

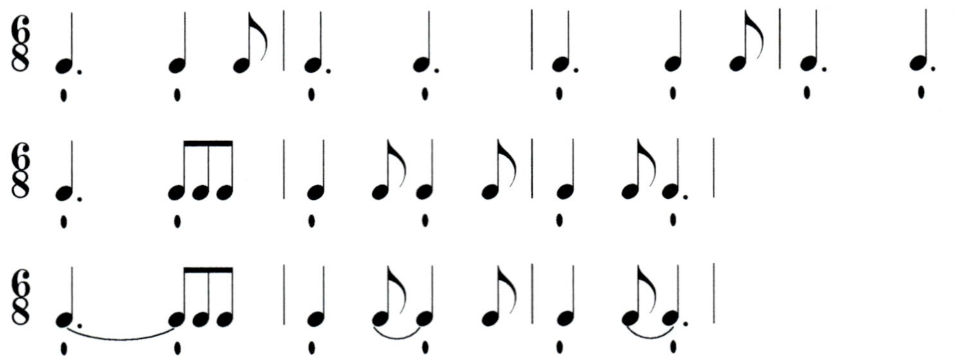

44 **6** Torna a escoltar el fragment inicial de la unitat, tot portant el compàs de $\frac{6}{8}$.

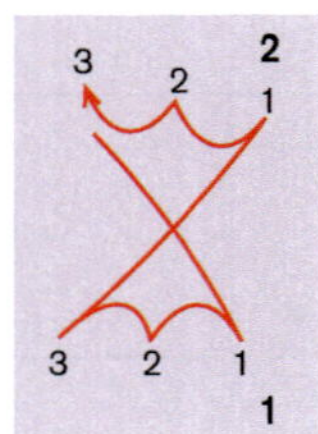

7 Canta les següents escales majors portant el compàs:

do major

fa major

sol major

8 Canta les següents escales menors portant el compàs:

la menor

re menor

mi menor

Pàgina 80 **9** **Audició.** El compàs de $\frac{6}{8}$

5.2. El compàs de $\frac{6}{8}$ i la música popular

El compàs de $\frac{6}{8}$ és molt utilitzat en la música tradicional irlandesa. La giga irlandesa és un exemple de dansa alegre i festiva. A continuació tens la partitura d'una de les gigues irlandeses més famoses: *Irish washerwoman.*

Tradicional irlandesa

10 *Irish washerwoman* (tradicional irlandesa). Interpreta-la amb el teu instrument i recorda que té un començament anacrúsic, és a dir, la melodia comença abans del primer temps fort.

11 Busca a Internet o a la fonoteca que tinguis més a prop (escola, biblioteca, mediateca) algun enregistrament d'aquesta giga.

En la música tradicional catalana també podem trobar alguns exemples de compàs de $\frac{6}{8}$.

12 Fixa't en l'escriptura rítmica de la cançó tradicional *El Noi de la Mare*: també comença en anacrusi. Primer, solfeja-la portant el compàs i, després, canta-la amb el text.

Tradicional catalana

Pàgina 104 **13** **Repertori.** *My Bonnie* (tradicional escocesa)

Pàgina 117 **14** **Cos i percussió.** El vals

5.3. La tensió i la fusió

Quan dues melodies sonen simultàniament (textura polifònica), es produeixen intervals harmònics entre les notes de les melodies simultànies. Aquests intervals poden ser de **tensió** (T) o de **fusió** (F).

Tensió (T)	Fusió (F)
	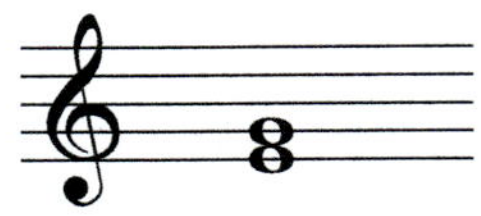

46 **15** Feu dos grups a la classe i interpreteu les dues veus de *La xocolatera*. Primer, canteu-la dient el nom de les notes i portant el compàs i, després, interpreteu-la amb el vostre instrument.

Popular

16 Experimenta com la tensió es resol en la fusió. Busca una parella i interpreteu el fragment de *La xocolatera* respectant els calderons indicats. El calderó 𝄐 indica que cal allargar el so.

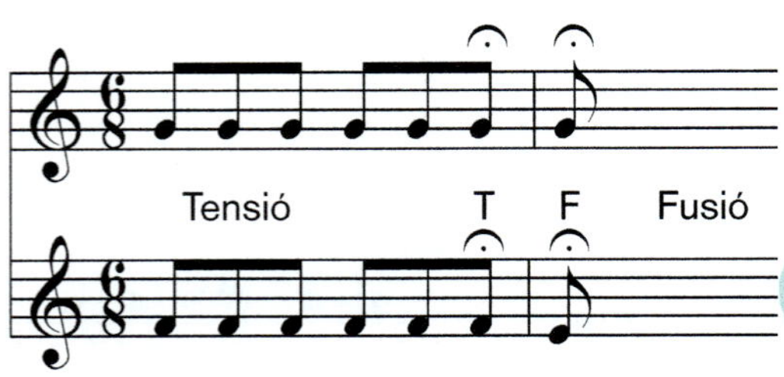

17 Observa en quins intervals podem trobar tensió (T) i fusió (F).

Tensió	Fusió
Intervals de 2a i 7a	Intervals de 3a, 4a, 5a, 6a i 8a

5.3.1. Experimentem la fusió amb *Banuwa*

© Google maps (març de 2011)

18 Observa la partitura de *Banuwa* i fixa't com es van superposant les melodies:

Del 1r compàs al 4t compàs	Del 5è compàs al 8è compàs	Del 9è compàs al 16è compàs
1 melodia	2 melodies	3 melodies

Popular de Libèria

47,48 **19** *Banuwa* (popular de Libèria). Escolta la cançó i interpreta-la.

5.4. La textura monòdica i la textura polifònica

En art es parla de **textura** per referir-se a la combinació de materials i tècniques que s'utilitzen per realitzar l'obra d'art.

La **textura musical** expressa la manera de relacionar els diferents elements que sonen alhora en una obra musical.

Si bé la textura és una propietat que se sol relacionar amb els materials, també forma part del món sonor

5.4.1. La monodia

La **monodia** és la música amb **una sola melodia** i pot ser de tres tipus:
- *A cappella* (sense cap fons instrumental).
- Amb acompanyament rítmic.
- Amb bordó (acompanyament d'una nota llarga).

20 Interpreta la tornada de *Bon dia* de forma monòdica.

5.4.2. La polifonia

Visió vertical de la música

La **polifonia** és un invent musical posterior a la textura monòdica que amplia les possibilitats sonores de la música. El compositor pot **superposar diverses línies melòdiques** segons unes normes que avui coneixem com les lleis de l'harmonia i del contrapunt.

> La **polifonia** és la música en la qual es combinen diverses melodies que sonen simultàniament.

21 Observa el fragment de la partitura polifònica de la cançó *Bon dia* i fixa't com evolucionen simultàniament tres melodies superposades.

49 **22** *Bon dia* (Els Pets). Escolta un fragment instrumental de la cançó en què es fa evident el seu caràcter polifònic.

Pàgina 89 **23** **Audició.** La veu humana

6. *Viva la vida*

A
Quan jo manava al món,
mars i oceans sentien el meu nom.
Ara jo dormo sol cada matí
als carrers que posseí.

A'
A les mans el destí
i la por als ulls dels meus enemics.
Gent cridant darrere meu:
«Ara el vell rei és mort! Visca el nou rei!».

B
Tenia la clau amb mi
però els murs no van cedir
i jo veia el castell erigit a dalt
sobre piles de sorra, piles de sal.

Tornada
Sento a Jerusalem grans campanes,
les cavalleries romanes
són mirall, són escut i espasa,
els meus emissaris fora de casa.
Per raons que no sé explicar
me n'hauré d'anar.
Mai ni un mot, ni un mot rodó,
quan jo era rei del món.

A"
Salvatge i cru rebufa fort el vent
esbotzant portes perquè jo entrés,
vidres trencats i el so de grans tambors,
i ningú no cregué que era jo.

B
Revolucionaris són
els que fan mort el rei del món.
Sóc un titella d'un sol fil penjat.
Oh! Voler ser rei, quin disbarat!

Pont
Oh! Oh! Oh! Oh! Oh!

Actuació del grup Coldplay

Berryman, Buckland, Champion, Martin / Adapt: J. Vilà, L. Vilà

50,51 **1** Escolta l'adaptació al català de la cançó *Viva la vida,* de Coldplay. Segueix-ne l'estructura i, després, canta-la. La partitura completa és a les pàgines 134 i 135.

Intro 7 c	A	Enllaç 7 c	A'	B	Tornada	Enllaç 7 c	A''	B	Tornada	Enllaç 9 c	Coda	Tornada

6.1. Transport

Transportar una melodia significa traslladar-la d'una tonalitat a una altra de més aguda o més greu.

52 **2** Escolta el tema A de la cançó *Viva la vida* en la tonalitat de re major. Observa l'armadura i segueix la partitura. Després, canta-la.

53 **3** Escolta el tema A de la cançó *Viva la vida* en la tonalitat de do major. Observa l'armadura i segueix la partitura. Després, canta-la.

Has cantat la mateixa cançó en dues tonalitats diferents: has canviat d'escala; per tant, de tònica i d'armadura. És a dir, has cantat la melodia en un to més agut o més greu, però conservant sempre les mateixes distàncies entre les notes. En quina de les dues tonalitats t'ha anat més bé cantar-la? Per què?

6.2. Canvi de denominador de compàs

4 Llegeix el ritme de la primera frase de la tornada de la cançó *Viva la vida*, amb una sil·laba rítmica i marcant la pulsació a la ♩. L'indicador de compàs és 4/4.

5 Ara, llegeix el ritme de la mateixa frase, però amb l'indicador 4/2 i marcant la pulsació a la 𝅗𝅥.

6 Torna a llegir el ritme de la primera frase de la tornada de la cançó *Viva la vida* amb l'indicador 4/8 i marcant la pulsació a la ♪.

7 Els ritmes de les activitats 4, 5 i 6, són el mateix ritme? Què és el que canvia? Quin dels tres t'és més fàcil de llegir?

6.3. Els tres principis de la composició musical

- **Repetició:** Si quan escoltem una composició musical el tema es repeteix diverses vegades, és més fàcil que ens quedi gravat a la memòria.
- **Contrast:** Contrastar significa introduir al llarg de la composició musical un tema diferent de l'anterior. El nou tema crea interès i fa que no avorrim cap dels dos temes.
- **Variació:** Variar un tema significa canviar-li algun element melòdic o rítmic. La variació recorda el tema, però no és idèntica. És una manera de repetir sense avorrir.

Pau Donés és el líder del grup Jarabe de Palo

54 **8** Escolta els fragments de les cançons següents i segueix l'estructura que han creat els seus compositors:

– Primer fragment: *La flaca* (Pau Donés)

A	A	B	...

– Segon fragment: *Room to move* (John Mayall)

A (instrumental)	A (vocal)	A (instrumental)	A (improvisació)	...

El músic de blues *d'origen britànic John Mayall*

9 Quins principis compositius han utilitzat Pau Donés i John Mayall?

10 Quina de les dues cançons recordaràs més? Per què?

Pàgina 105 **11** **Repertori.** *My heart will go on* (James Horner, Will Jennings)

6.4. Les formes simples de repetició per temes

Estròfica

Creació d'un tema que es va repetint.

Binària

Creació de dos temes, amb repetició i contrast entre si.

Ternària

Creació de dos temes, amb repetició d'un tema i contrast entre si.

Rondó

Creació de tres o més temes, amb repetició d'un en contrast amb els altres.

Forma lliure

Creació lliure en ordre i nombre de temes.

Per saber identificar l'estructura d'una obra musical, necessites:

- **Atenció** i **concentració** durant tota la peça musical.
- **Memòria** per identificar els temes, les repeticions i els contrastos amb altres temes diferents.
- Tenir en compte que l'**estructura evoluciona** al llarg de la peça musical.

12 Escolta les audicions següents i digues quina estructura interna tenen:

55 a) *Michael row the boat ashore* (espiritual negre)

56 b) *Te Deum.* «2n moviment» (Marc-Antoine Charpentier)

57 c) *Carnaval dels animals.* «L'elefant» (Camille Saint-Saëns)

58 d) *Valsos.* «Tema» (Victor Babin)

6.5. Recordem amb *La família Addams*

El treset	El saltiró	L’anacrusa
4/4 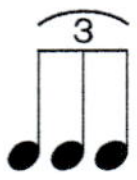 = 1 temps	4/4  = 1 temps	4/4  …

La família Addams

13 Recita aquests dos temes rítmicament i marca la pulsació amb el peu.

a) *La família Addams* (Vic Mizzy). Tema introductori, compost bàsicament per tresets.

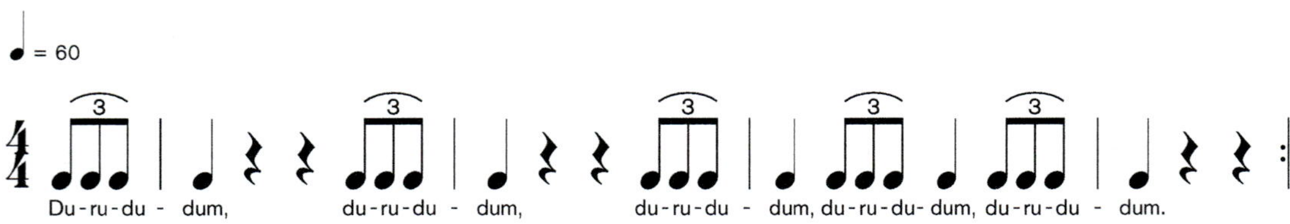

b) *La família Addams* (Vic Mizzy). Tema A, compost bàsicament per saltirons.

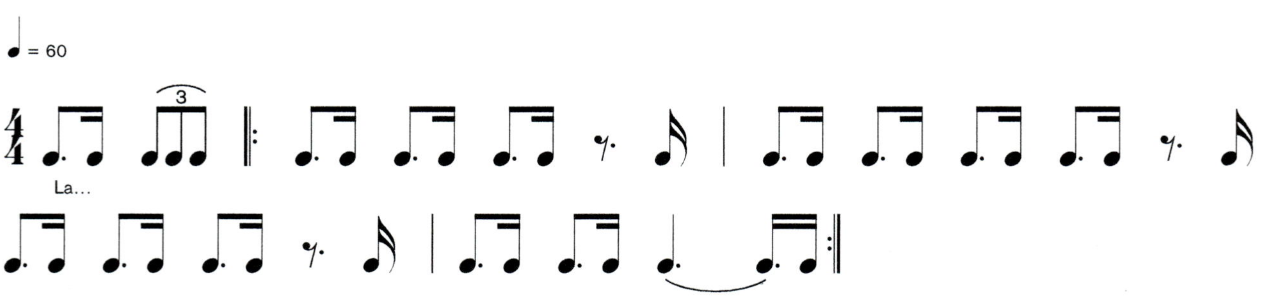

L'armadura de sol major	El contrast entre temes
	Intro | A

59,60 **14** *La família Addams* (Vic Mizzy). Solfeja la cançó i observa que:

- L'armadura de sol major té el fa ♯.
- En el tema introductori, l'anacrusa porta a la tònica de sol major (I) i el tema també acaba en la tònica (sol).
- El tema A comença en la tònica i acaba en la tònica.
- El compositor ha estructurat la cançó de la manera següent:

Intro	A :	Intro :	A	Intro	A :	Intro :	A	Coda

Vic Mizzy
Adapt.: Maria Rosa Sanahuja

Pàgina 81 **15** **Audició.** La composició. *Escenes d'infants.* «Gent i països estrangers» (Robert Schumann)

Pàgina 90 **16** **Audició.** El director i l'orquestra

El racó de la web

Música i solidaritat

«Sempre hi ha causes per les quals val la pena fer alguna cosa»

Informa-te'n:

L'any 1985 Harry Belafonte va tenir la idea de realitzar una campanya de recaptació de fons amb finalitat humanitària, contra la greu situació de fam que hi havia a Àfrica, especialment a Etiòpia. Va aconseguir posar d'acord una colla de músics molt coneguts i organitzar un concert benèfic.

La cançó que es va popularitzar arran del concert va ser *We are the world*, de Michael Jackson i Lionel Richie.

Connecta't:

Pots trobar-ne informació en anglès i en castellà si entres en el web *www.espaibarcanova.cat* i cliques els enllaços 1 i 2 de la unitat 6 del llibre de primer cicled'ESO de Música.

Organitza un concert:

- Debateu a la classe quin problema social del vostre entorn necessita ajuda.
- Comuniqueu, a través del vostre representant en el Consell Escolar, que voleu fer un concert solidari.
- Feu una relació dels alumnes i professors del centre que hi volen participar.
- Busqueu un lloc adient per fer-hi el concert: a l'escola, en algun centre cívic…
- Feu un programa de la música que voleu que s'hi toqui. En el llibre heu après molt repertori i segur que hi ha companys i professors que toquen instruments.
- Dissenyeu uns cartells que anunciïn el concert. Hi ha de constar el motiu, el lloc, el dia, l'hora i el preu de l'entrada.
- Repartiu-vos les feines: penjar els cartells, vendre les entrades…

Avaluació

1. Quina diferència hi ha entre un treset de corxeres i dues corxeres?

2. Quina diferència hi ha entre un saltiró i dues corxeres?

3. Per a què serveix transportar una melodia?

4. Escriu a la llibreta dues armadures que coneguis.

5. En què s'assemblen la professió de l'arquitecte i la del compositor?

6. Explica quines etapes segueix un compositor des que té una idea musical fins que acaba una peça.

7. Per què és útil tenir memòria musical?

8. Busca dues cançons de grups actuals que t'agradin i determina'n l'estructura. Després, digues quina forma musical tenen de patró.

9. Compon dos temes musicals (A i B) en do major, utilitzant les notes de do greu a do agut i els ritmes que vulguis en compàs de $\frac{4}{4}$. Acaba sempre la frase suspensiva en sol i la conclusiva en do. Edita la composició en el MusicTime o en qualsevol altre programa informàtic.

10. Escriu un compàs de $\frac{6}{8}$ amb les figures que vulguis.

11. En què es diferencia un compàs binari simple d'un compàs binari compost?

12. Busca la història del grup Coldplay i fes-ne un resum. Fes també una llista de les seves obres de més èxit.

13. Descriu breument quin missatge vol transmetre la cançó *Viva la vida*.

Fem memòria

El compàs de $\frac{6}{8}$

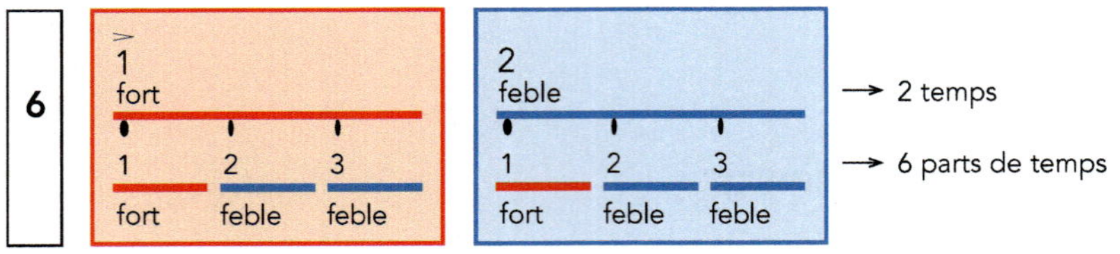

Compàs de $\frac{6}{8}$	– Unitat de temps – Cada temps el podem subdividir en 3	– Unitat de compàs

Els denominadors dels compassos simples

Els **compassos simples** poden tenir tres denominadors:

2 **: la blanca dura un temps**

4 **: la negra dura un temps**

8 **: la corxera dura un temps**

El treset, el saltiró i l'anacrusa

El treset	El saltiró	L'anacrusa
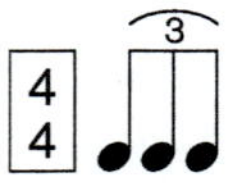 = 1 temps Tres figures iguals unides per un 3 valen el mateix que dues d'igual valor.	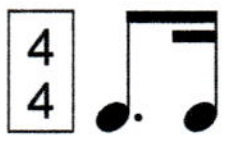 = 1 temps	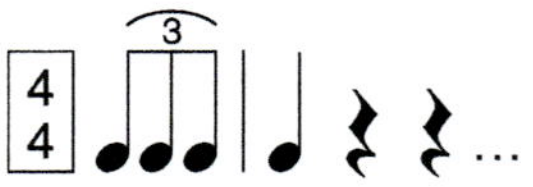

Transport

Transportar una melodia significa traslladar-la d'una tonalitat a una altra de més aguda o més greu, per poder-la tocar o cantar més còmodament.

L'armadura de sol major

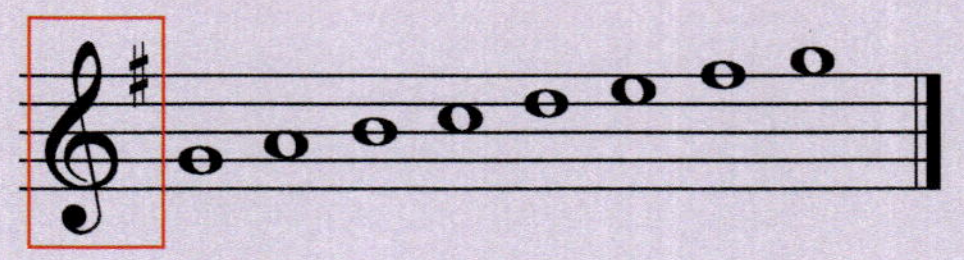

Fem memòria

Formes musicals

Els tres principis necessaris per compondre són aquests:

- **Repetició:** Si quan escoltem una composició musical el tema es repeteix diverses vegades, és més fàcil que ens quedi gravat a la memòria.
- **Contrast:** Contrastar significa introduir al llarg de la composició musical un tema diferent de l'anterior. El nou tema crea interès i fa que no avorrim cap dels dos temes.
- **Variació:** Variar un tema significa canviar-li algun element melòdic o rítmic. La variació recorda el tema, però no és idèntica. És una manera de repetir sense avorrir.

La **forma musical** és l'**estructura interna** d'una obra, és a dir, la manera com el compositor ordena temporalment els temes.

Per saber identificar l'estructura d'una obra musical, necessites:

- **Atenció** i **concentració** durant tota la peça musical.
- **Memòria** per identificar els temes, les repeticions i els contrastos amb altres temes diferents.
- Tenir en compte que l'**estructura evoluciona** al llarg de la peça musical.

Les formes simples de repetició per temes són aquestes:

Estròfica

Creació d'un tema que es va repetint.

Binària

Creació de dos temes, amb repetició i contrast entre si.

Ternària

Creació de dos temes, amb repetició d'un tema i contrast entre si.

Rondó

Creació de tres o més temes, amb repetició d'un en contrast amb els altres.

Forma lliure

Creació lliure en ordre i nombre de temes.

Audició

La pulsació

Simfonia del rellotge. «Andante» (F. J. Haydn)

Franz Joseph Haydn
(Rohrau, 1732 – Viena, 1809)

Va ser un músic austríac que va passar un període de la seva vida a Anglaterra, on va compondre les dotze «simfonies londinenques». Una d'aquestes és la *Simfonia núm. 101,* coneguda també com a *Simfonia del rellotge* pel seu caràcter descriptiu.

61 **1** Escolta un fragment del segon moviment «Andante» de la *Simfonia del rellotge.*

2 Amb quines figures rítmiques representa el compositor el tic-tac d'un rellotge?

3 La pulsació natural d'aquesta peça musical, està representada pel tic-tac d'un rellotge?

61 **4** Torna a escoltar el fragment mentre portes altres pulsacions possibles.

De l'altura a la melodia

La flauta màgica. «Wie stark ist nicht dein Zauberton» (W. A. Mozart)

62 **1** Escolta un fragment d'aquesta òpera de Wolfgang Amadeus Mozart i segueix el musicograma llegint la traducció del text original. Des de l'antiguitat, totes les cultures han atorgat poders màgics a la melodia. Observa que Tamino toca aquesta melodia màgica amb la flauta i després explica cantant quins són els seus efectes màgics.

1 **Melodia flauta màgica**

2
Wie stark ist nicht dein Zauberton!	*Que poderós el teu màgic so és!*
Weil, holde Flöte,	*Perquè, graciosa flauta,*
holde Flöte durch dein Spielen	*graciosa flauta en escoltar-lo*
Selbst wilde Tiere Freude fühlen.	*fins les bèsties salvatges senten alegria.*

3 **Melodia flauta màgica**

4 Wie stark ist nicht dein Zauberton! *Que poderós el teu màgic so és!*

5 **Melodia flauta màgica**

6 Weil holde Flöte durch dein Spielen, *Perquè, graciosa flauta, en escoltar-lo,*

7
Holde Flöte durch Dein Spielen	*graciosa flauta en escoltar-lo*
Selbst wilde Tiere Freude.	*fins les bèsties salvatges senten alegria.*

8
Doch nur Pamina,	*Sols Pamina,*
Nur Pamina bleibt davon!	*sols Pamina no n'obeeix el so!*
Nur Pamina bleibt davon!	*sols Pamina no n'obeeix el so!*

9 **Melodia flauta màgica**
Pamina! Pamina!	*Pamina! Pamina!*
Höre, höre mich!	*Escolta, escolta'm!*

10 **Melodia flauta màgica**

11 Umsonst! Umsonst! *Tot en va!*

12 **Melodia flauta màgica**
Wo? Wo? Wo?	*On? On? On?*
Ach, wo find ich dich?	*Ai, on et puc trobar?*

13 **Melodia flauta màgica**

14 Ha! Das ist Papageno's Ton! *Ah! Es tracta de Papageno!*

El compàs quaternari

Sentimental bolero (M. Matte)

63 **1** Escolta aquest fragment i segueix les pulsacions dels primers vuit compassos, en què s'identifiquen perfectament els quatre temps del compàs.

	C1				C2				C3				C4				C5			
Pulsacions	1	2	3	4	1	2	3	4	1	2	3	4	1	2	3	4	1	2	3	4
Acompanyament	♩	𝄾♪	♫	♫	♫‿	♫	♩	♩	♩	𝄾♪	♫	♫	♫‿	♫	♩	♩	♩	𝄾♪	♫	♫

Entra la melodia (temps 4 del C8)

	C6				C7				C8				
Pulsacions	1	2	3	4	1	2	3	4	1	2	3	4	
Acompanyament	♫‿	♫	♩	♩	♩	𝄾♪	♫	♫	♫‿	♫	♩	♩	…

2 Pica l'obstinat melodicorítmc que fa l'acompanyament en els vuit primers compassos. Fixa't que hi ha contratemps (c) i síncope (s).

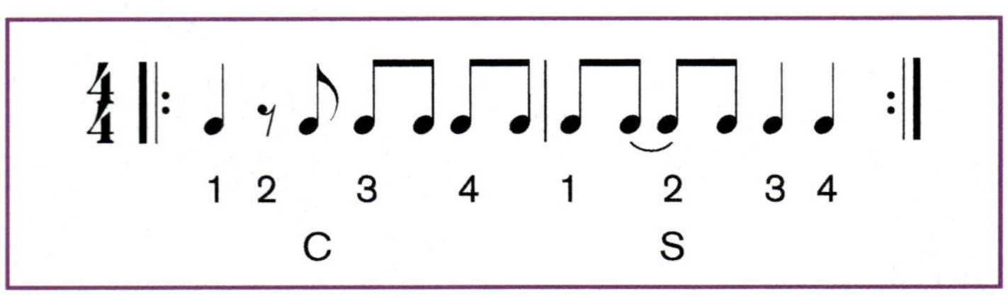

Aquest és un bolero especial. La majoria de boleros són melodies amb lletra, una lletra que fa referència a temes d'amor i desamor. En aquesta ocasió no hi ha text, però la melodia és «sentimental» i, com tots els boleros, es presta a ser ballat.

El compàs binari

The stars and stripes forever (J. Ph. Sousa)

Aquesta música és una marxa. La **marxa** serveix per acompanyar desfilades. Caminar és una acció que permet marcar el compàs binari amb els peus.

64 **1** Escolta la marxa i porta la pulsació alternant els peus i comptant-la interiorment.

64 **2** Escolta de nou la marxa i compta interiorment quants compassos de dos temps té tot el fragment. Posa el resultat en comú amb els companys i companyes de la classe.

El compàs ternari

Peer Gynt. «Dansa d'Anitra» (E. Grieg)

65 **1** Escolta aquest fragment mentre n'observes la partitura. Fixa't que el violoncel, el segon violí i el triangle són els responsables del compàs, mentre que el primer violí és un dels protagonistes de la melodia. Digues quantes alteracions accidentals hi ha.

El minuet

Quintet per a cordes núm. 5, op. 13. «Minuet» (L. Boccherini)

Quintet de corda (2 violins, 2 violes, 1 violoncel o 2 violins, 1 viola, 2 violoncels)

La música de cambra és música composta per a un petit grup d'instruments i per ser interpretada en sales petites. N'és un exemple el **quintet de corda**.

Luigi Boccherini (Lucca, 1743 – Madrid, 1805)
Aquest músic italià va ser famós perquè era un virtuós del violoncel i també perquè va compondre molta música de cambra.

66 **1** Escolta un fragment d'aquest famós minuet de Boccherini.

66 **2** Torna a escoltar el minuet i digues si el compàs és binari, ternari o quaternari.

66 **3** Ara, mentre l'escoltes, segueix-ne l'estructura.

A

a	a	b	a	b	a

B

c	c	d	c	d	c

A

a	b	a

4 Escolta el minuet sencer entrant en el web *www.espaibarcanova.cat* i clicant l'enllaç 1 de l'apartat d'audició del llibre de primer cicle d'ESO de Música. Podràs seguir-lo amb la partitura mentre l'escoltes.

El *pizzicato*

Pizzicato polca (J. Strauss, fill)

Normalment les cordes del violí es freguen amb l'arquet. A vegades, però, s'utilitza la tècnica del *pizzicato*.

67 **1** Escolta un fragment de la peça *Pizzicato polca,* escrita per a orquestra de corda i basada en la tècnica del *pizzicato,* és a dir, en comptes de fregar les cordes, els instrumentistes les pincen amb els dits. Fixa't en l'efecte sonor que provoca aquesta tècnica.

67 **2** Torna a escoltar la polca mentre segueixes la partitura de la part del primer violí. Fixa't en els efectes rítmics potenciats pel *pizzicato* i en l'efecte que produeix el contratemps (c).

Els gèneres musicals

El generes són categories que ajuden a classificar la música.

Música per a cinema

És la banda sonora d'una pel·lícula: acompanya una seqüència, un personatge, els títols de crèdit...

68 **1** *La Pantera Rosa* (Henry Mancini). Escolta aquest tema.

Música religiosa

Normalment serveix per acompanyar la litúrgia religiosa: misses, casaments, pregàries...

69 **2** *El Messies.* «Al·leluia» (Georg Friedrich Händel). Escolta aquest fragment.

Música tradicional

És la música que s'ha anat transmetent de forma oral al llarg de les generacions i normalment no se'n coneixen els autors.

70 **3** *Lela* (tradicional gallega). Escolta aquest fragment.

Música descriptiva

És la música que retrata paisatges, situacions, textos literaris...

71 **4** *Peer Gynt.* «El matí» (Edvard Grieg). Escolta aquesta peça musical.

5 Creus que hi ha més gèneres musicals? Fes una llista dels que trobis a faltar i posa-la en comú amb els companys i les companyes de la classe.

6 Torna a escoltar les quatre peces musicals i digues si estan en mode major o en mode menor.

El compàs de $\frac{6}{8}$

1 Escolta uns fragments en compàs de $\frac{6}{8}$. Porta sempre el compàs i segueix cada tema a la partitura corresponent.

72 ***La meva pàtria.* «El Moldava» (Bedrich Smetana)**

73 ***El doctor Jivago.* «Tema de Lara» (Maurice Jarre)**

74 ***Piano man* (Billy Joel)**

La composició

Escenes d'infants. «Gent i països estrangers» (R. Schumann)

Robert Schumann (Zwickau, 1810 – Endenich, 1856)

Pianista i compositor romàntic, va compondre nombrosos *lieder* (composicions vocals breus), obres per a piano i una sèrie de peces breus, entre les quals destaquen les *Escenes d'infants*. També va compondre quatre simfonies i quatre obertures, entre altres composicions. El piano i la veu humana van ser els seus dos instruments.

«Compondre és entrar en el regne dels somnis.»
«Quan, arrossegat per l'emoció, vull expressar-la, no busco paraules, sinó sons.»

Robert Schumann

En l'obra *Escenes d'infants,* Robert Schumann intenta descriure els sentiments i les emocions d'un nen.

75 **1** Escolta la peça i resol les qüestions següents:

a) Analitza'n l'estructura interna, tenint en compte el patró que segueix l'organització dels temes (AAA, AABB, ABA, ABACA).
b) Analitza les frases de cada tema (a, b...) i digues si són suspensives o conclusives.
c) Digues quin nom té l'estructura bàsica de la peça.
d) Esbrina quins són els principis compositius que ha utilitzat Schumann.

2 Us agrada l'estructura que Schumann va triar? La canviaríeu per una altra? Per quina?

Del timbre a la instrumentació

1 Aprèn els conceptes i interioritza'ls.

Qualitat del so	**Timbre** Ens permet dir quin instrument està sonant. Depèn del material que vibra i de la tècnica que s'utilitza per fer-lo vibrar.
Tipus de sons	És el so produït per cada instrument. 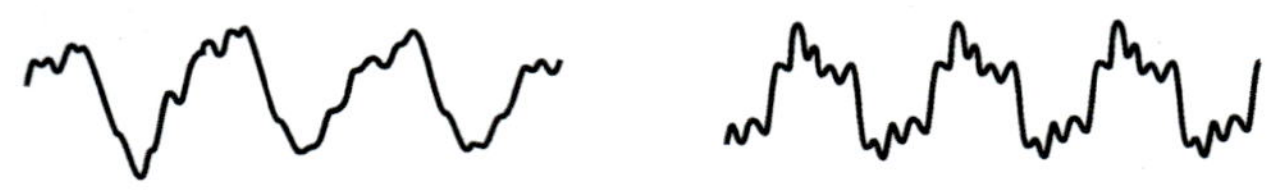 Dos sons d'una mateixa altura originats per dos instruments es diferencien gràficament en un oscil·loscopi. So del violí 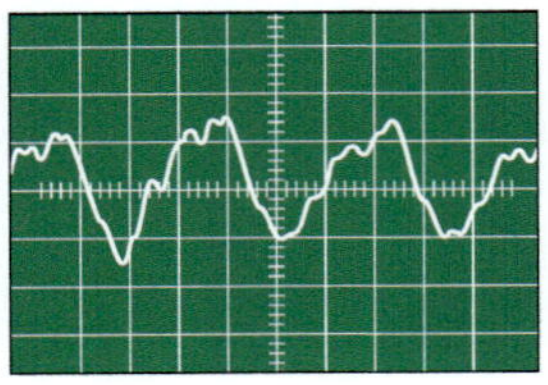 So del clarinet 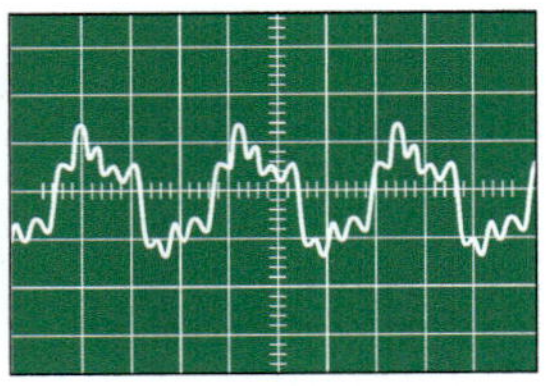 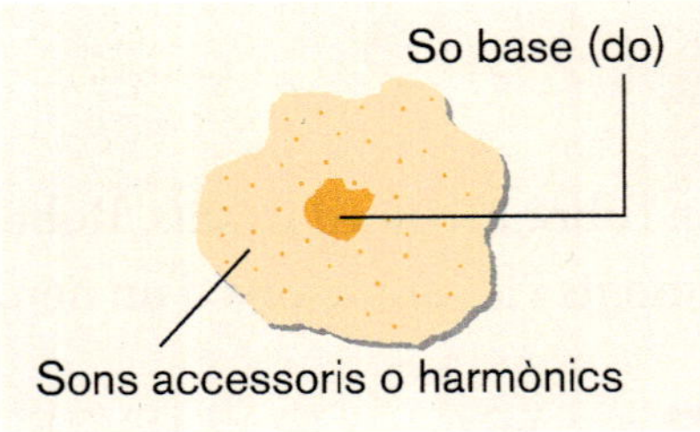 Ambdós sons tenen en comú el **so base** i es diferencien pels **sons accessoris** o **harmònics**, els quals depenen del material amb què són construïts els instruments (fusta, metall, plàstic...) i de la tècnica utilitzada per fer-los sonar (bufar, fregar, pinçar o percudir).
Representació gràfica	Nom de l'instrument davant la melodia. *Flauta* 
Element intern de la música	**Instrumentació** És l'art de combinar els diferents instruments. *Famílies:* aeròfons, cordòfons, idiòfons, membranòfons i electròfons. La veu humana també és un instrument.

76 **2** Escolta aquests sons. Quins instruments els produeixen?

Famílies d'instruments

Els electròfons

Són els instruments que funcionen amb **electricitat** (instruments elèctrics).

Tècnica	Bufar, fregar, pinçar o percudir l'instrument, i amb l'electricitat com a element indispensable per produir el so.
Material	L'instrument, el cable elèctric i l'amplificador.
Instruments	Guitarra elèctrica, baix elèctric, piano elèctric, orgue elèctric, sintetitzador i tots els instruments que es puguin convertir en electròfons (saxo, violí, flauta…).

Sintetitzador

El *wah-wah* és un pedal per a guitarra elèctrica que crea efectes sonors especials.

Orgue elèctric

Guitarra elèctrica

Baix elèctric

77 **1** Escolta aquest so d'una guitarra elèctrica que ha estat manipulat a través d'un mesclador i descriu a quines manipulacions ha estat sotmès.

Els aeròfons

Són els instruments de **vent**. Poden ser de **vent de fusta** o de **vent de metall**. El cos de l'instrument és una caixa de ressonància en forma de tub per on vibra la columna d'aire. Són instruments melòdics, és a dir, no poden produir dos sons simultanis.

Vent de fusta

Tècnica	Bufar pel bec, pel bisell o per la llengüeta.
Material	Antigament eren de fusta, excepte el saxòfon, que sempre ha estat de metall. Actualment són de fusta o de metall.
So	Suau i dolç.
Per produir notes	Forats, amb claus o sense.
Instruments	*De bec:* flautes de bec (soprano, contralt, tenor i baixa). *De bisell:* flauta travessera. *De llengüeta:* oboè, clarinet, fagot i saxòfon (sopranino, soprano, contralt, tenor, barítón, baix i contrabaix).

78 **2** Escolta els següents instruments de vent de fusta: flauta de bec, flauta travessera, oboè, clarinet, saxòfon i fagot, ordenats de més agut a més greu.

79 **3** Escolta una mostra de la combinació tímbrica d'instruments de vent de fusta (flauta travessera, oboè, clarinet i fagot) en un fragment de l'obertura de l'òpera *Libuse*, de Bedrich Smetana.

Vent de metall

Tècnica	Bufar per un broquet.
Material	Metall.
So	Molt potent i estrident perquè els llavis fan vibrar directament la columna d'aire.
Per produir notes	Pistons i forats.
Instruments	Trombó, trompa, trompeta, tuba.

Trompa

Trompeta

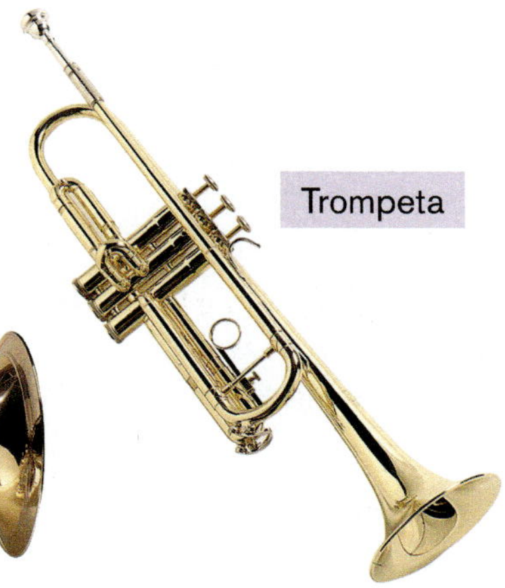

Trombó

Tuba

Hi ha altres instruments aeròfons que no són ni de vent de fusta ni de vent de metall.

Harmònica
L'aire que es bufa o xucla fa vibrar unes llengüetes de diferents mides.

Orgue
L'aire prové d'una manxa que vibra en passar per uns tubs.

Acordió (a sota) i **harmònium** (a la dreta) L'aire prové d'una manxa que fa vibrar unes làmines.

80 **4** Escolta els instruments de vent de metall: trompeta, trompa, trombó i tuba.

81 **5** Escolta una mostra de la combinació tímbrica dels quatre instruments de vent de metall en la peça *La mourisque,* de Tielman Susato.

Els cordòfons

Són els instruments de **corda**. Poden ser de **corda fregada**, de **corda pinçada** o de **corda percudida**.

El cos de l'instrument és una caixa de ressonància que rep la vibració de les cordes tensades.

Són instruments polifònics, ja que poden produir més d'un so alhora i fer acords.

Corda fregada

Tècnica	Fregar les cordes de l'instrument amb les cordes d'un arc.
Material	– Caixa de ressonància: fusta. – Cordes: fibres vegetals, seda, pèls, tendons i budells d'animals, metall i fibres sintètiques.
Instruments	Violí, viola, violoncel i contrabaix, de més agut a més greu.

Aquests instruments no tenen trastos; per tant, són instruments no temperats. Això vol dir que l'única manera de tocar una nota afinada és prement les cordes col·locant els dits en el punt exacte del mànec que correspon a la nota desitjada.

82 **6** Escolta els instruments de corda fregada: violí, viola, violoncel i contrabaix, ordenats de més agut a més greu.

83 **7** Escolta una mostra de la combinació tímbrica del quartet de corda fregada (violí, viola, violoncel i contrabaix) en un fragment d'un dels ballets de l'obra *Rosamunda*, de Franz Schubert.

Corda pinçada

Aquests instruments són temperats, és a dir, tenen un sistema que permet afinar les notes: diferents llargades de cordes (arpa), trastos (guitarra, llaüt, mandolina ...) o tecles (clavicèmbal).

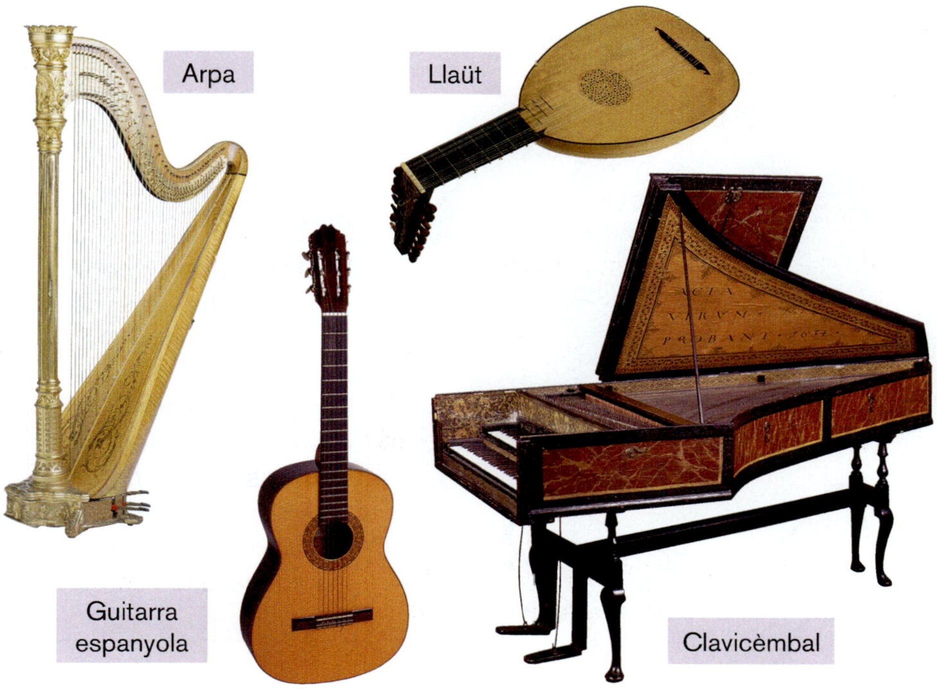

Tècnica

Pinçar les cordes de l'instrument amb els dits o amb uns plectres.

Material

– Caixa de ressonància: fusta.
– Cordes: fibres vegetals, seda, pèls, tendons i budells d'animals, metall i fibres sintètiques.

Instruments

Arpa, guitarra, llaüt i clavicèmbal.

84 **8** Escolta els següents instruments de corda pinçada: arpa, guitarra i clavicèmbal.

Corda percudida

Tècnica

Percudir les cordes amb martellets.

Material

– Caixa de ressonància: fusta.
– Cordes: fibres vegetals, seda, pèls, tendons i budells d'animals, metall i fibres sintètiques.

Instruments

Piano.
És un instrument temperat, ja que permet afinar les notes mitjançant tecles.

85 **9** *Concert per a piano i orquestra núm. 1.* «Adagio» (F. Chopin). Escolta el piano en aquest fragment.

La percussió

Són els instruments que es percudeixen o sacsegen. Es divideixen en **idiòfons** i **membranòfons**.

Idiòfons

Idiòfons determinats

Marímba

Celesta

Idiòfons indeterminats

Caixa xinesa

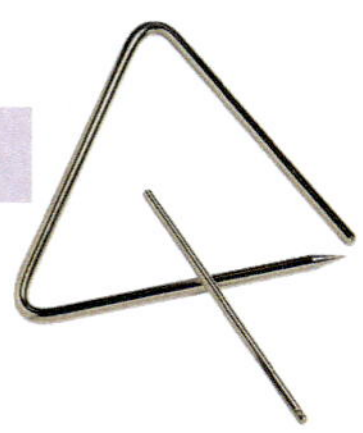

Triangle

Castanyoles

Tècnica
Percudir o sacsejar tot el cos de l'instrument per fer-lo vibrar.
Material
Fusta, argila, pedra, metall o vidre.
Instruments
Idiòfons determinats: campanes tubulars, carilló, xilòfon, metal·lòfon, marimba, celesta, etc. Fan notes afinades i són instruments polifònics. **Idiòfons indeterminats:** triangle, caixa xinesa, cròtals, castanyoles, maraques, etc. Fan xocs rítmics.

86 **10** Escolta aquests instruments idiòfons: xilòfon, campanes tubulars, marimba, celesta, triangle, cròtals i castanyoles.

Membranòfons

Membranòfons determinats

Timbales

Membranòfons indeterminats

Caixa clara

Bombo

Tècnica
Percudir o friccionar una membrana tensa.
Material
Membrana de pergamí, de pell de vedella o de plàstic.
Instruments
Membranòfons determinats: timbales. Fan notes afinades. **Membranòfons indeterminats:** caixa clara, bombo, pandereta i tambor. Fan xocs rítmics.

87 **11** Escolta aquests instruments membranòfons: timbales, caixa clara, bombo i pandereta.

La veu humana

En música, la veu és el vehicle mitjançant el qual s'expressen les emocions i els sentiments més profunds.

La veu és un instrument que funciona gràcies a l'impuls que l'aire exerceix sobre les cordes vocals. Aquest impuls fa que les cordes vocals vibrin i emetin sons d'altures diverses.

Les cordes vocals dels nois són més gruixudes i vibren més lentament que les de les noies, per això emeten sons més greus.

Classificació de les veus		
	Femenines	**Masculines**
Aguda	Soprano	Tenor
Mitjana	Mezzosoprano	Baríton
Greu	Contralt	Baix

La veu és un instrument melòdic, ja que no pot emetre sons simultanis.

Gran cor

88 **12** *Rèquiem.* «Tuba Mirum» (W. A. Mozart). Escolta aquesta peça i observa com, després d'una petita introducció del trombó, van entrant progressivament quatre veus, ordenades de greu a aguda (baix, tenor, contralt i soprano). Una vegada les veus han estat presentades d'una en una, canten conjuntament en forma de **quartet vocal**.

89 **13** Escolta les veus següents i determina si són de soprano, contralt, tenor, baríton o baix.

90 **14** Escolta un fragment de l'«Al·leluia», de l'oratori *El Messies,* de Georg Friedrich Händel, i comenta l'ordre d'entrada de les veus.

91 **15** Escolta un fragment de la *Serenata núm. 4,* de Franz Schubert, i identifica quin tipus d'instrument i de veu hi intervenen.

Wolfgang Amadeus Mozart

El director i l'orquestra

El director

El director és l'**organitzador** de la música en grup. Ell estudia la partitura per tal de poder comunicar als músics els **començaments**, els **acabaments**, el ***tempo***, la **dinàmica**, el **fraseig** i l'**estructura** de la peça que es vol interpretar.

Cada director fa una interpretació personal d'una partitura, així que la mateixa peça tindrà un **caràcter molt diferent** segons qui la dirigeixi.

Hi ha directors d'orquestra, de bandes i de corals. Molts d'ells utilitzen una vareta de fusta anomenada **batuta** per fer les indicacions als músics.

Molts compositors també han estat directors, com ara Ludwig van Beethoven, Gustav Mahler o Leonard Bernstein.

Seiji Ozawa

Lorin Maazel

Antoni Ros Marbà

Daniel Baremboim

Leonard Bernstein
(Lawrence, 1918 – Nova York, 1990)
Va ser un director, compositor i pianista nord-americà. Va dirigir moltíssimes orquestres, entre les quals cal destacar la Filharmònica de Nova York, la Filharmònica d'Israel, la Simfònica de Londres i l'Orquestra Nacional de França. Com a compositor, la seva obra més coneguda és, sens dubte, el musical *West Side Story*, del qual també es va fer una versió cinematogràfica.

92 **1** Tanca els ulls i escolta un fragment de l'*Adagio per a corda*, de Samuel Barber, dirigit per Leonard Bernstein. Barber va compondre aquesta peça musical perquè durés entre set i vuit minuts, però Bernstein converteix l'*adagio* en un *largo* i fa durar la peça fins a deu minuts. Què opines sobre el fet que un director canviï l'esperit que l'autor volia donar a l'obra?

2 Anomena les actituds i els hàbits imprescindibles que un grup ha de tenir per poder fer un bon assaig.

L'orquestra

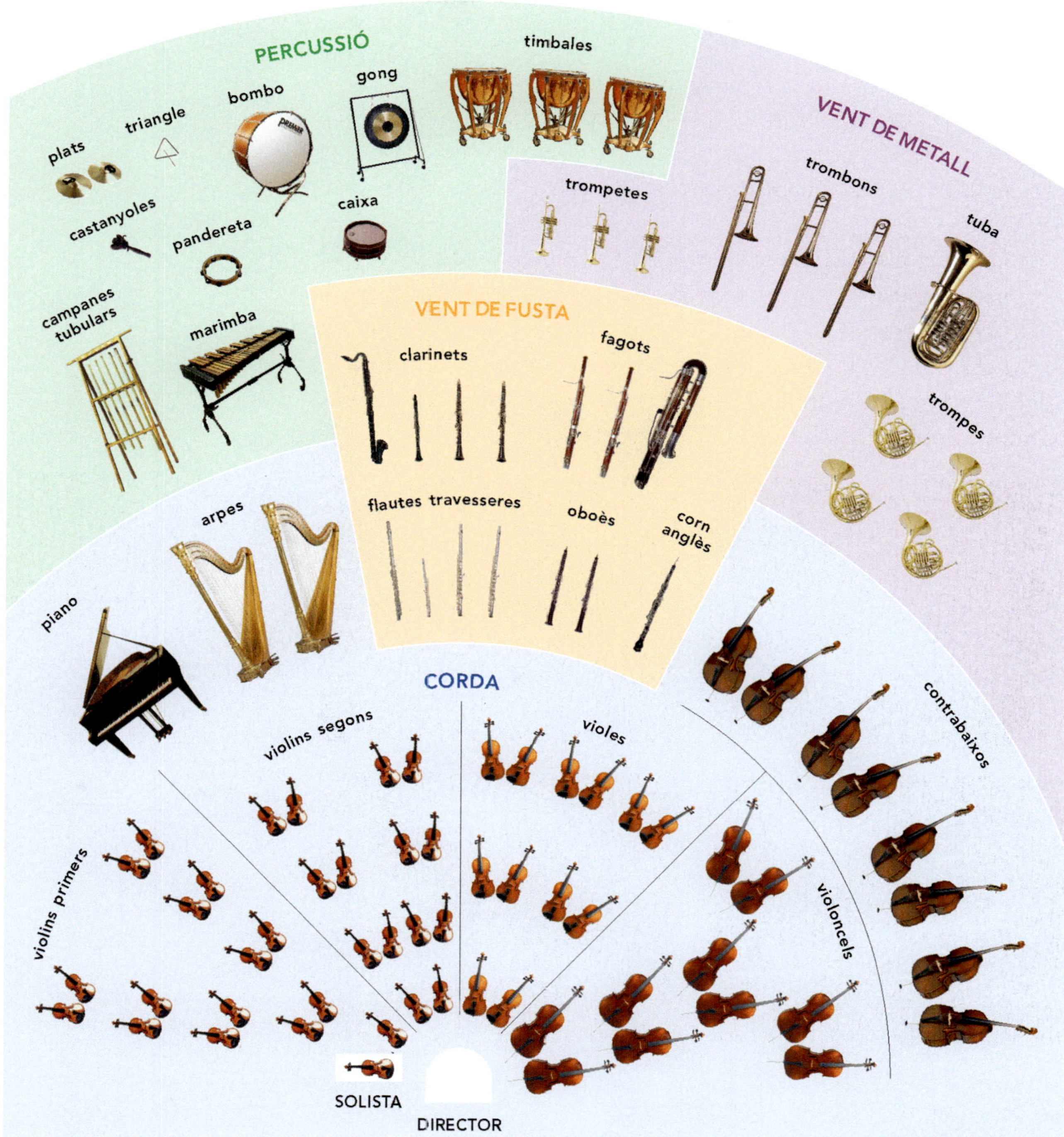

L'orquestra agrupa les quatre grans famílies d'instruments: cordòfons, aeròfons, membranòfons i idiòfons

93 **3** *Al bell Danubi blau* (Johann Strauss, fill). Escolta un fragment d'aquest vals i fixa't en la suma de personalitats tímbriques que es creen en una orquestra quan toquen totes les famílies d'instruments.

4 Quina sensació t'imagines que tenen tots aquests músics quan toquen junts aquesta peça?

Repertori

We will rock you

94 **1** *We will rock you* (B. May). Escolta un fragment d'aquest conegut tema del grup Queen. Imita l'estil i la interpretació del fragment de la mateixa audició.

Brian May

Buddy you're a boy, make a big noise
playin' in the street, gonna be a big man some day!
You got mud on your face, you big disgrace,
kickin' your can all over the place, singin':

«We will, we will rock you!
We will, we will rock you!»

Buddy you're a young man, hard man,
shoutin' in the street, gonna take on the world some day.
You got blood on your face, you big disgrace,
wavin' your banner all over the place, singin':

«We will, we will rock you!
We will, we will rock you!»

Buddy you're an old man, poor man,
pleadin' with your eyes, gonna make you some peace some day.
You got mud on your face, you big disgrace,
somebody better put you back into your place, singin':

«We will, we will rock you!
«We will, we will rock you!»

Les quatre estacions

95 **1** *Les quatre estacions.* «L'hivern» (largo) (A. Vivaldi). Escolta aquest moviment i observa els elements rítmics que Vivaldi va tenir present a l'hora de compondre: una línia ritmicomelòdica feta amb pulsació de negra per un violí, la primera divisió de la pulsació feta amb corxeres per un *pizzicato* de violins, una segona subdivisió de semicorxeres feta pels contrabaixos i un pedal de fons (so mantingut).

2 Interpreta una versió simplificada d'un fragment d'aquesta obra instrumentada per a flauta de bec, xilòfon contralt i metal·lòfon baix.

Antonio Vivaldi

Once upon a dream

96 **1** *Once upon a dream* (J. Lawrence, S. Fain). Escolta el tema de la pel·lícula de Walt Disney *La bella dorment.* De fet, és un arranjament sobre el tema original de la *suite* de ballet *La bella dorment,* de Piotr Îlitx Txaikovski.

97 **2** Interpreta el tema. Fixa't en els contratemps de l'acompanyament i recorda que la partitura és en fa major i que té el si♭ a l'armadura.

Jack Lawrence, Sammy Fain

Jo voldria que tot l'any fos com Nadal

98 **1** Aquest tema és una adaptació al català, feta per Jofre Bardagí, líder de la desapareguda banda empordanesa Glaucs, de la cançó original de Jon Bon Jovi *I wish everyday could be like Christmas.* Escolta'l.

99 **2** Canteu la cançó. Busqueu algun company o companya de la classe que us pugui acompanyar amb els acords amb un instrument harmònic (guitarra o piano).

Pots trobar més cançons de Glaucs amb els acords en el web *www.espaibarcanova.cat* i clicant l'enllaç 1 de l'apartat de repertori del llibre de primer cicle d'ESO de Música.

Sol Do Fa Do Fa
Quin dia és avui? És aquell, un cop més?

Do Sol/Si Lam
Allà on la neu cau, els amics fan regals

Sol
i saps que és el moment,

Do Fa Do Fa
quan escoltes com canten *Santa Nit.*

Do Sol/Si Lam
M'agrada escoltar, em sento millor,

Sol7
com si m'escalfés vora el foc.

Lam
Avui els nens bons obriran els regals

Fa
que el Pare Noel els ha deixat.

Lam
I quan penso que tot demà ja haurà acabat,

Fa Sol7
hi ha una cosa que us voldria dir:

Do Sol/Si Lam Do/Sol Fa Sol7
jo voldria que tot l'any fos com Nadal.

Do Sol/Si Lam Sol/Si Fa Sol7
Si pogués fer un sol desig realitat.

Do Fa Do Fa
jo voldria que tot l'any hi hagués pau, hi hagués amor.

Do Do/Sol Lam Do/Sol Fa Sol7 Do
Jo voldria que tot l'any fos com Nadal, de tot cor.

Do Fa Do Fa
Hi havia un nen assegut amb el vell senyor Noel,

Do Do/Sol Lam
li va mirar els ulls i va preguntar:

Do/Sol Sol7
«Tu saps què és la pau al món?»

Do Fa Do Fa
L'home vell va pensar molt el que havia de dir:

Do Do/Si Lam Sol7
«És el millor regal, un que podem donar en cada moment».

Do Sol/Si Lam Sol/Si Fa Sol7
Jo voldria que tot l'any fos com Nadal.

Do Sol/Si Lam Do/Sol Fa Sol7
Si pogués fer un sol desig realitat,

Do Fa Do Fa
jo voldria que tot l'any hi hagués pau, hi hagués amor.

Do Sol/Si Lam Do/Sol Fa Sol7 Do Do7
Jo voldria que tot l'any fos com Nadal, de tot cor.

Fa Fam Do
És tot tan bonic, i hi ha tantes llums,

Re
i tothom sembla ser tan feliç.

Fam
Tot el que vull, quan tot ja hagi passat,

Sol
només vull saber per què no som tot l'any així.

Do Sol/Si Lam Do/Sol Fa Sol7
Jo voldria que tot l'any fos com Nadal.

Do Sol/Si Lam Do/Sol Fa Sol7
Si pogués fer un sol desig realitat,

Do Fa Do Fa
jo voldria que tot l'any hi hagués pau, hi hagués amor.

Do Sol/Si Lam Do/Sol Fa Sol7 Do Do7
Jo voldria que tot l'any fos com Nadal, de tot cor.

Jon Bon Jovi, Jofre Bardagí

3 Pensa en el significat de la lletra. Com passes tu el Nadal? Posa en comú les teves reflexions amb els teus companys i companyes.

Love me tender

100 **1** *Love me tender* (E. Presley, V. Matson). Escolta la cançó seguint la partitura.

101 **2** Interpreta amb la veu o amb el teu instrument la partitura sobre la base musical.

Elvis Presley, Vera Matson

Love me tender,
love me sweet,
never let me go.
You have made my life complete,
and I love you so.

Love me tender,
love me true,
all my dreams fulfilled.
For, my darlin', I love you,
and I always will.

Love me tender,
love me long,
take me to your heart.
For it's there that I belong,
and we'll never part.

Love me tender,
love me true,
all my dreams fulfilled.
For, my darlin', I love you,
and I always will.

Love me tender,
love me dear,
tell me you are mine.
I'll be yours through all the years,
till the end of time.

Love me tender,
love me true,
all my dreams fulfilled.
For, my darlin', I love you,
and I always will.

Els Picapedra

102 **1** *Els Picapedra* (H. Curtin). Escolta el tema de la famosa sèrie de dibuixos animats.

103 **2** Ara, interpreta el tema sobre la base musical.

Hoyt Curtin

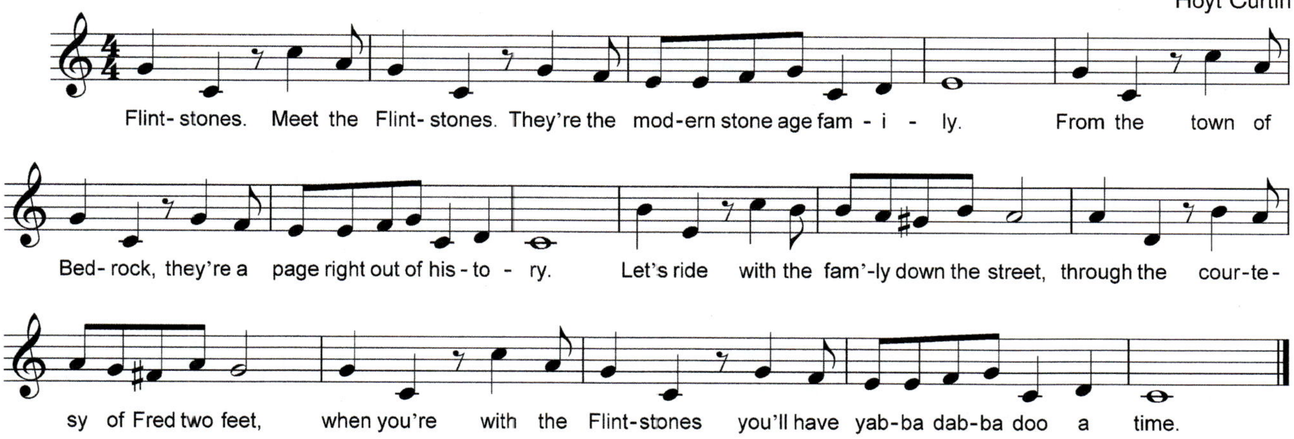

Fixa't en l'estructura i en les seves frases suspensives i conclusives. Per fer-ne una bona interpretació, destaca les síncopes. Si ho fas cantant, exagera la consonant que comença la síncope, i si ho fas amb la flauta, articula una *t* amb la punta de la llengua.

Blues en re

23 **1** Escolta aquest *blues* i, després, interpreta'l amb el teu instrument. Per interpretar-lo correctament, has de fer-ho amb *swing*, és a dir, has d'accentuar el segon i el quart temps en lloc del primer i del tercer.

***El* blues *és un dels estils musicals que forma part de les arrels del* jazz**

La melodia principal del *Blues en re* està acompanyada per un obstinat harmònic: la veu de l'obstinat es repeteix idèntica durant totes les frases. La improvisació forma part del llenguatge musical. El *blues* és un estil en el qual és habitual improvisar. A la pàgina 37 trobaràs les pautes per aprendre a fer improvisacions sobre aquest tema.

Tengo la camisa negra

40 **1** *Tengo la camisa negra* (Juanes). Escolta la versió original d'aquesta cançó i canta-la.

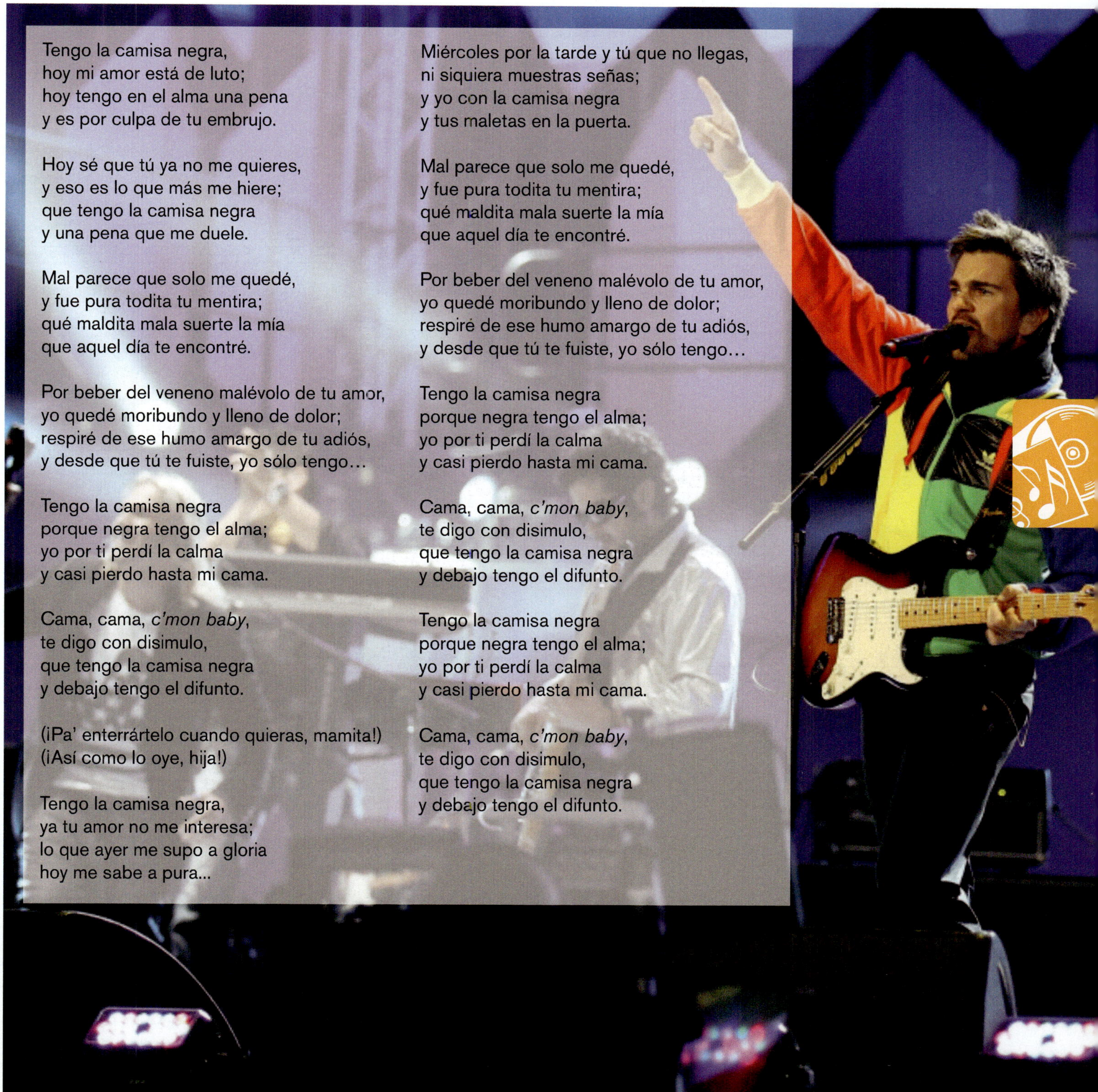

Tengo la camisa negra,
hoy mi amor está de luto;
hoy tengo en el alma una pena
y es por culpa de tu embrujo.

Hoy sé que tú ya no me quieres,
y eso es lo que más me hiere;
que tengo la camisa negra
y una pena que me duele.

Mal parece que solo me quedé,
y fue pura todita tu mentira;
qué maldita mala suerte la mía
que aquel día te encontré.

Por beber del veneno malévolo de tu amor,
yo quedé moribundo y lleno de dolor;
respiré de ese humo amargo de tu adiós,
y desde que tú te fuiste, yo sólo tengo…

Tengo la camisa negra
porque negra tengo el alma;
yo por ti perdí la calma
y casi pierdo hasta mi cama.

Cama, cama, *c'mon baby*,
te digo con disimulo,
que tengo la camisa negra
y debajo tengo el difunto.

(¡Pa' enterrártelo cuando quieras, mamita!)
(¡Así como lo oye, hija!)

Tengo la camisa negra,
ya tu amor no me interesa;
lo que ayer me supo a gloria
hoy me sabe a pura...

Miércoles por la tarde y tú que no llegas,
ni siquiera muestras señas;
y yo con la camisa negra
y tus maletas en la puerta.

Mal parece que solo me quedé,
y fue pura todita tu mentira;
qué maldita mala suerte la mía
que aquel día te encontré.

Por beber del veneno malévolo de tu amor,
yo quedé moribundo y lleno de dolor;
respiré de ese humo amargo de tu adiós,
y desde que tú te fuiste, yo sólo tengo…

Tengo la camisa negra
porque negra tengo el alma;
yo por ti perdí la calma
y casi pierdo hasta mi cama.

Cama, cama, *c'mon baby*,
te digo con disimulo,
que tengo la camisa negra
y debajo tengo el difunto.

Tengo la camisa negra
porque negra tengo el alma;
yo por ti perdí la calma
y casi pierdo hasta mi cama.

Cama, cama, *c'mon baby*,
te digo con disimulo,
que tengo la camisa negra
y debajo tengo el difunto.

My Bonnie

104 **1** *My Bonnie* (tradicional escocesa). Escolta l'adaptació al català d'aquesta cançó.

2 Interpreteu la partitura a dues veus. Fixeu-vos que ambdues veus comencen amb la mateixa nota. Practiqueu només les dues primeres notes de la cançó a dues veus, fent un calderó a la segona nota per assegurar que l'afinació és correcta.

105 **3** Canta la cançó sobre la base musical.

Perdut en la immensa mar blava, les mans al timó de la nau,
perdut en la immensa mar blava, sols penso a tornar al teu costat.
Bring back, bring back, oh bring back my Bonnie to me, to me.
Bring back, bring back, oh bring back my Bonnie to me, to me.

De nit, estirat, jo somio els dies joiosos passats,
de nit, estirat, jo somio que no trigaran a tornar.
Bring back, bring back, oh bring back my Bonnie to me, to me.
Bring back, bring back, oh bring back my Bonnie to me, to me.

Un temporal va inflar les veles i tot el vaixell va cruixir,
un temporal va inflar les veles i va encaminar-nos a port.
Bring back, bring back, oh bring back my Bonnie to me, to me.
Bring back, bring back, oh bring back my Bonnie to me, to me.

Contents tots els mariners canten, ja veuen la fi dels seus mals,
contents tots els mariners canten i jo penso en el meu amor.
Bring back, bring back, oh bring back my Bonnie to me, to me.
Bring back, bring back, oh bring back my Bonnie to me, to me.

My heart will go on

106 **1** *My heart will go on* (J. Horner, W. Jennings). Escolta aquesta versió instrumental de la cançó.

107 **2** Ara, interpreta la melodia amb el teu instrument.

La flauta de bec i tu

Per què s'aprèn un instrument a l'escola?
– Per aprendre de manera pràctica el llenguatge musical.
– Per viure la música com a instrumentista i interpretar les creacions dels compositors.

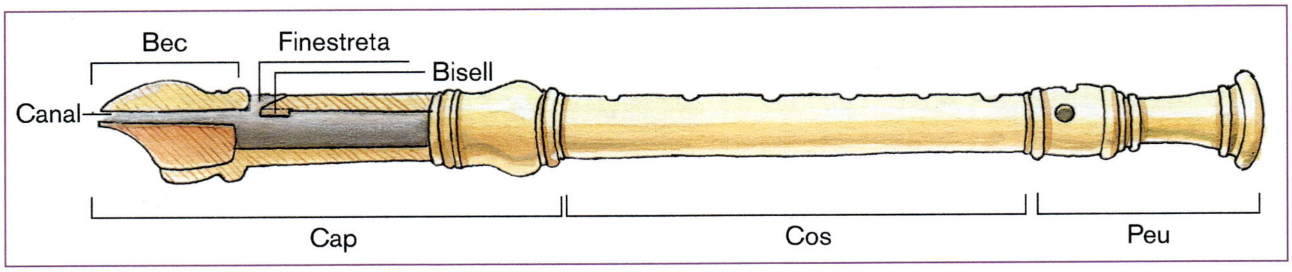

Elements tècnics que cal utilitzar per tocar-la

Respiració. Tècnica d'inspirar l'aire pel diafragma i expirar-lo per la boca en posició de sospir.

Articulació. Tècnica d'obrir i tancar el pas de l'aire amb la llengua, utilitzant consonants dentals determinades. És l'eina més expressiva de l'instrument, comparable a l'arquet en els instruments de corda fregada.

Digitació. Tècnica de combinar els dits per emetre diferents notes. Sempre s'ha de començar a digitar amb les dues mans col·locades. A les pàgines 110 i 111 hi ha una taula de digitació, per tal que puguis aprendre a fer totes les notes.

Posició corporal. Cal adoptar una postura corporal adequada a la pràctica de l'instrument. S'ha de seure a la cadira sense posar les cames l'una damunt de l'altra, amb l'esquena ben recta, les espatlles, el cap i el coll relaxats, els colzes en la seva posició natural, els canells rectes i els peus plans a terra.

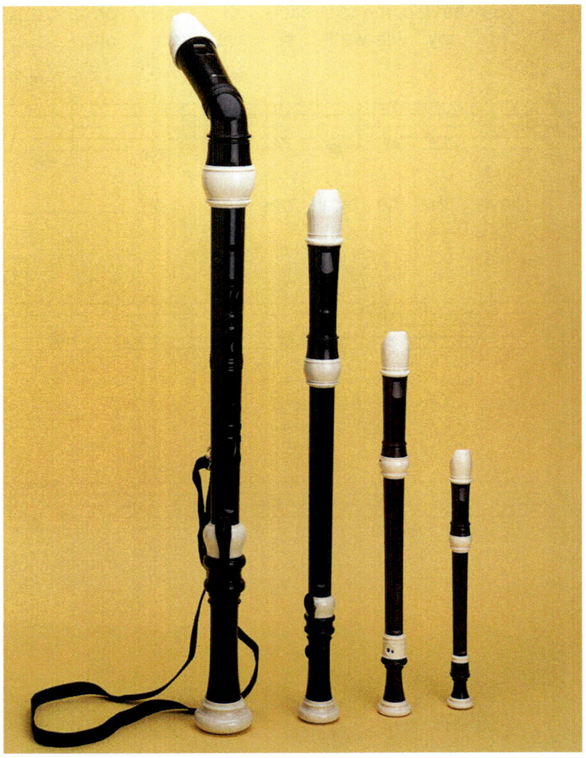

Flautes baixa, tenor, contralt i soprano (d'esquerra a dreta)

Com s'ha de sostenir la flauta

La flauta té dos punts d'equilibri fixos (el llavi inferior, sobre el qual reposa el bec, i el polze dret, sobre el qual recolza el cos de l'instrument) i un punt d'equilibri mòbil (els dits de la mà esquerra).

La posició de les mans

- Mà esquerra a dalt i mà dreta a baix, encara que l'intèrpret sigui esquerrà.
- Els capcirons dels dits sempre plans (mai en punta).
- El polze de la mà dreta col·locat entre el dit índex i el dit del mig.

Procés d'aprenentatge d'una cançó

- Treball sobre la partitura:
  - Fes la **lectura rítmica** de la cançó (sense el nom de les notes).
  - Fes-ne la **lectura melodicorítmica.**
- Treball sobre la partitura amb l'instrument:
  - Llegeix la partitura dient el **nom de les notes,** mentre en proves la digitació amb la flauta recolzada a la **barbeta.**
  - Practica les **articulacions** amb la digitació corresponent i amb la flauta recolzada a la **barbeta.**
  - **Canta la cançó** dient el nom de les notes.
  - **Interpreta la cançó amb l'instrument.**

Articulacions simples:
t / d / r

↓

Articulacions dobles:
tere / dere / teke
(la *k* no s'utilitza mai sola)

↓

Només articulen l'aire aquestes consonants. Per utilitzar-les, pots col·locar-hi al darrere les vocals *e*, *i*, *u*.

La nostra veu

Cadascú de nosaltres té un **timbre de veu únic i irrepetible**. És el color sonor que ens diferencia els uns dels altres. Com en tots els instruments, perquè el timbre es produeixi es necessita un **material** i una **tècnica**.

La veu es produeix en fer passar l'aire entre els plecs vocals. L'aire fa vibrar els plecs i aquests emeten un so, tal com ho fa la doble llengüeta d'un oboè. El so és, en principi, un so estrident i sense més informació que l'**alçada tonal**, és a dir, l'**afinació**. Com que els plecs vocals dels homes són més grans i gruixuts que els de les dones, aquests tenen una veu més greu, mentre que les dones, com que tenen els plecs vocals més petits i prims, igual que els infants, tenen una veu més aguda.

La veu humana és l'instrument que permet expressar les emocions i els sentiments més profunds

Quan aquest so passa per les diferents **cavitats de ressonància** que troba en el seu camí, es transforma fins a convertir-se en el que coneixem com la *nostra veu*.

Hi ha tres elements essencials en l'emissió de la veu:

La postura. El nostre cos és el **material** de l'**aparell fonador**. Com en la **tècnica** de qualsevol instrument, cal que adoptem una bona postura que ens permeti una respiració i una fonació en les millors condicions. Asseguts o de peu, cal que tinguem l'esquena recta, els peus ben recolzats a terra, les espatlles relaxades i el cap ben alineat amb la resta del cos.

La respiració. Aquesta acció és de gran importància, ja que l'origen del so es troba en l'aire que fa vibrar els plecs vocals. Per fer una bona respiració, és important aprendre a posar l'aire a la part baixa de l'estómac (el que coneixem com a zona costoabdominal) i controlar la sortida d'aquest amb el diafragma i la musculatura del voltant. Si aquesta musculatura empeny més aire i aquest fa vibrar més superfície dels plecs vocals, es produirà un so amb més **intensitat** (més fort) i a la inversa.

La fonació. La fonació és la producció d'un so. En vibrar els plecs vocals, aquests fan un so a una determinada **alçada tonal** que passa per diferents cavitats de ressonància, on s'amplifica i es modifica, cosa que aporta a la veu les seves característiques úniques i diferencials de la resta. És el que coneixem com a **timbre** de la veu.

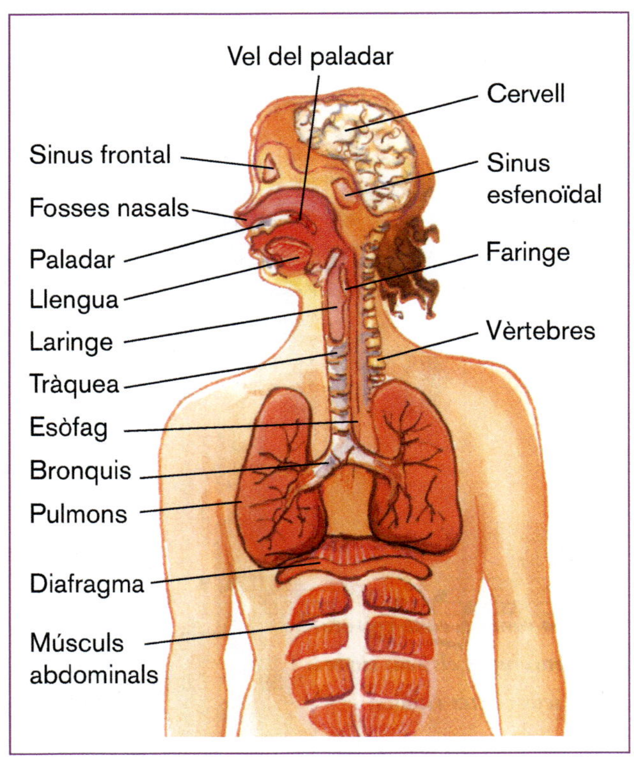

La veu, però, encara no ha acabat el seu camí. Finalment, el so és modificat en les cavitats bucals per l'acció dels llavis, la llengua i les dents. En les cavitats bucals és on s'**articularan** els diferents sons de la parla.

Cridar, parlar fort, parlar molta estona pot provocar que ens lesionem la veu. Hi ha moltes professions, com la de locutor de ràdio i televisió, la d'actor, la de professor, etc., en què la veu és imprescindible. Tenir cura de la veu és important, perquè la veu és per a tota la vida.

El **logopeda** és un professional de la veu que ajuda a corregir les alteracions de la veu parlada i cantada.
La **logopèdia** estudia molts dels trastorns relacionats amb la comunicació humana.

Escalfament de la veu

Igual que un esportista necessita escalfar abans de sortir a jugar un partit, la nostra veu també necessita un escalfament. Observa la teva veu quan t'acabes de llevar: està adormida i fins al cap d'una bona estona no està en forma.

Activitats

Fem una posada a punt (el que en argot professional en diem **vocalitzar**) mitjançant les activitats següents:

- **Posició corporal.** Ens posem drets amb les espatlles obertes i relaxades, els peus ben plantats a terra i els genolls lleugerament flexionats. Si ho fas assegut, col·loca't a la punta de la cadira amb els peus tocant bé a terra, per tal que l'esquena quedi recta.
- **El badall.** Quan badallem, realitzem un estirament involuntari del nostre paladar i tenim una gran sensació d'obertura. Fes uns quants badalls i observa els estiraments que es produeixen.

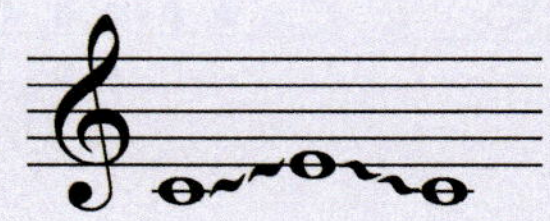

- **El badall educat.** En algunes ocasions necessitem amagar-nos un badall; aquesta posició és ideal per fer unes ressonàncies que ens ajudaran a col·locar la veu. Practica intervals de tercera i de quinta fent ressonàncies amb *glissando.*

- ***Sing*** (*cantar* en anglès). Aquesta paraula ens és de gran utilitat, ja que té la vocal *i*, que potencia la col·locació de la veu en les cavitats dels ressonadors cranials, i la terminació en *-ng* (so nasal), que ens fa mantenir la posició alta de la llengua, i això evita l'esforç de les cordes vocals. Practica aquesta paraula primer sobre un so llis i després amb els intervals de tercera i quinta fent *glissando.*

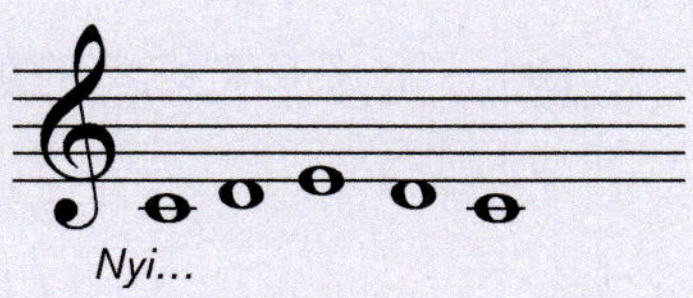

- **Nyi.** La pronunciació d'aquesta síl·laba fa que col·loquem la llengua en posició alta. Practica-la fent intervals de tercera i quinta, passant per totes les notes. Després, canvia la vocal *i* i practica aquesta síl·laba amb totes les vocals: *nya, nye, nyo, nyu.*

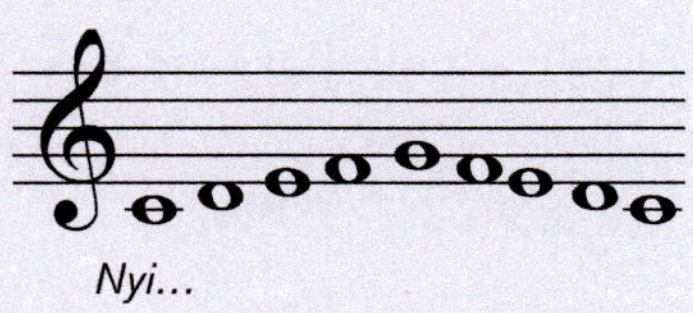

- **Xxx, ts, ff.** Aquests sons ens activen especialment la respiració diafragmàtica. Practica aquests sons fent sèries de deu, vint i trenta. Fes-ho a diferents velocitats i intensitats.
- **El so d'una sirena.** L'articulació de l'onomatopeia d'una sirena ens ajuda a treballar de l'àmbit més greu al més agut. Dibuixa't unes sirenes de direcció de so en el teu quadern i fes-les amb la teva veu. Prova de fer-les amb diferents vocals.

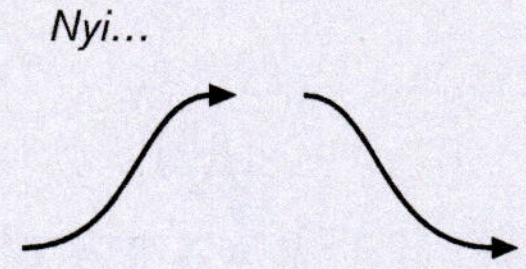

- ***Miau*** (*mèu* en italià). Aquesta onomatopeia, si la fas molt exagerada, també potencia els ressonadors cranials. Practica-la fent arpegis a diferents alçades.

Taula de digitacions

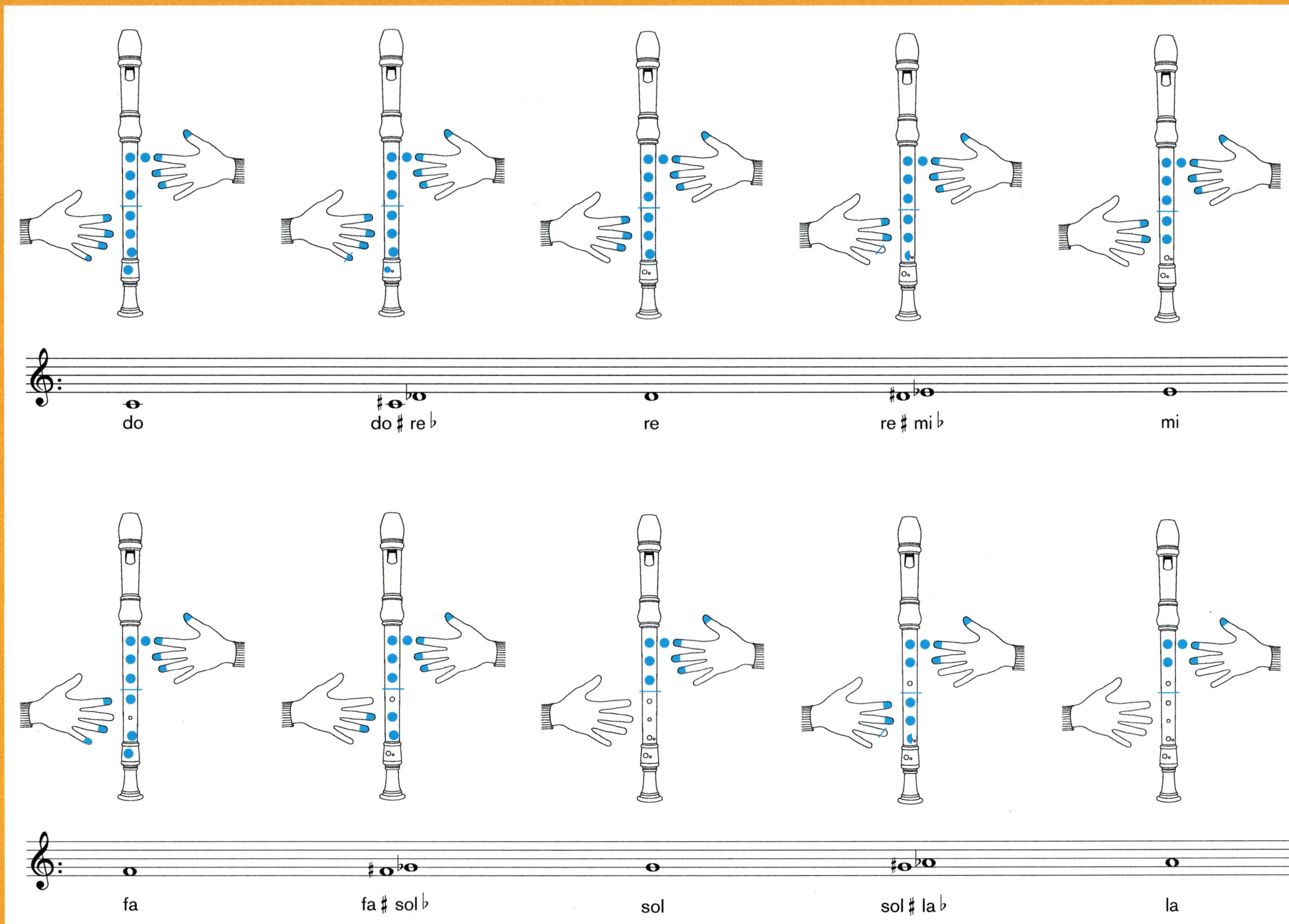

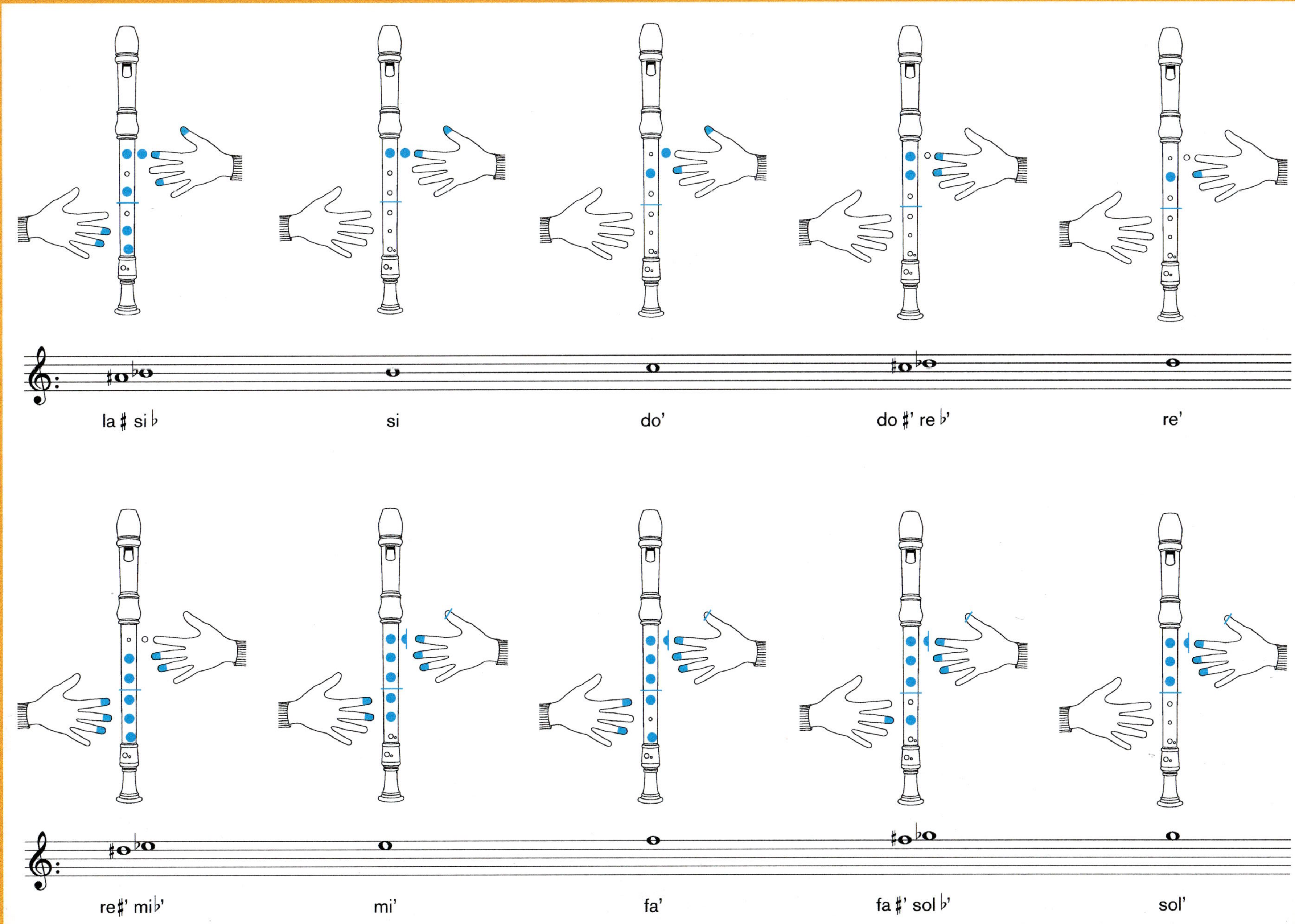
la ♯ si ♭
si
do'
do ♯' re ♭'
re'
re♯' mi♭'
mi'
fa'
fa ♯' sol ♭'
sol'

Cos i percussió

La pulsació

108 **1** *Els tam-tams del meu cor* (E. Noyer, E. Vilaginés). Escolta la cançó.

E. Noyer, E. Vilaginés

109 **2** Interpreta-la sobre la base musical. Fixa't que el text és recitat i s'exageren molt el ritme i les dinàmiques.

Segueix el ritme del batec corporalment:

1) Mà esquerra al pit.
2) Mà dreta al pit.
3) Mans a les cames.

De la durada al ritme

110 **1** Escolta la cançó *Rap endevinalla.*

111 **2** Interpreta aquesta cançó rítmica i resol l'endevinalla.

Un invent que va fer l'home,
quan l'escrius sempre va bé.
S'ha d'aprendre, quina mandra!,
però és molt útil de saber.

Pulsacions al fons bateguen
i per sobre del compàs
les figures es passegen
fent uns ritmes singulars.

Gràcies, ritme, gràcies, home,
per donar-nos llibertat
de poder escriure com sonen
els cants de la humanitat.

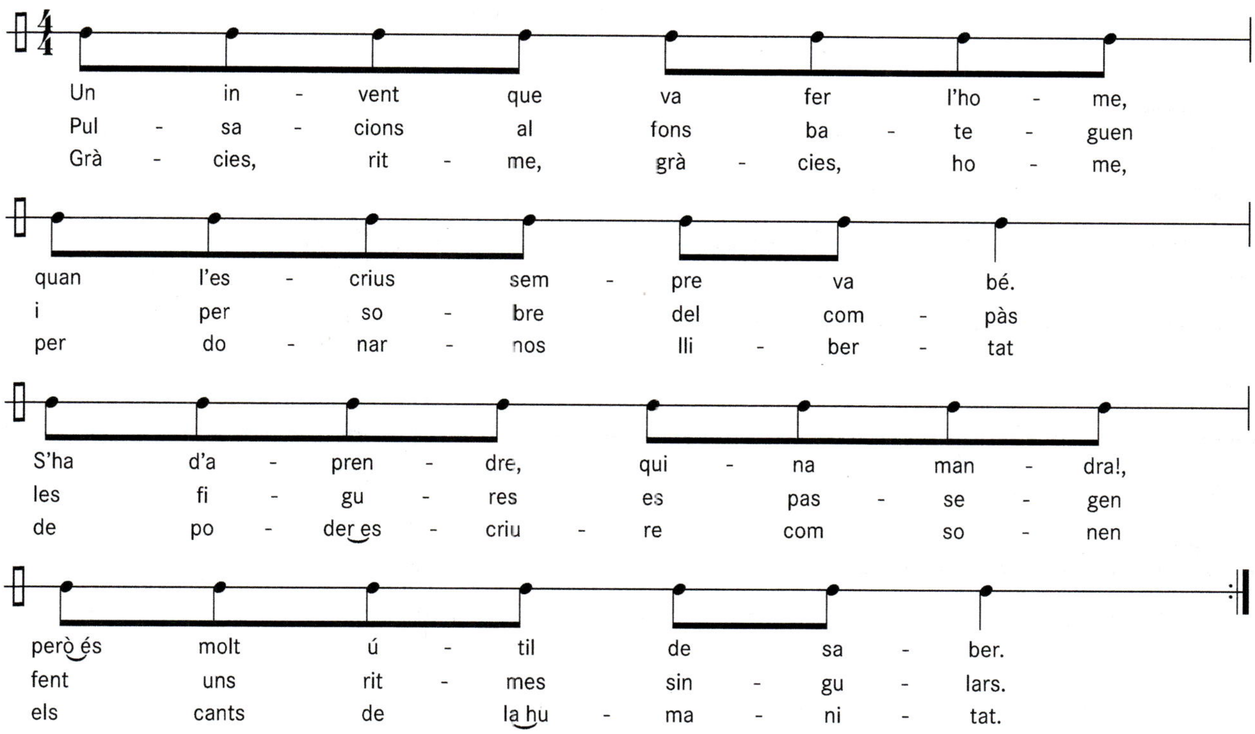

Obstinats per acompanyar la partitura, percudint diferents parts del cos.

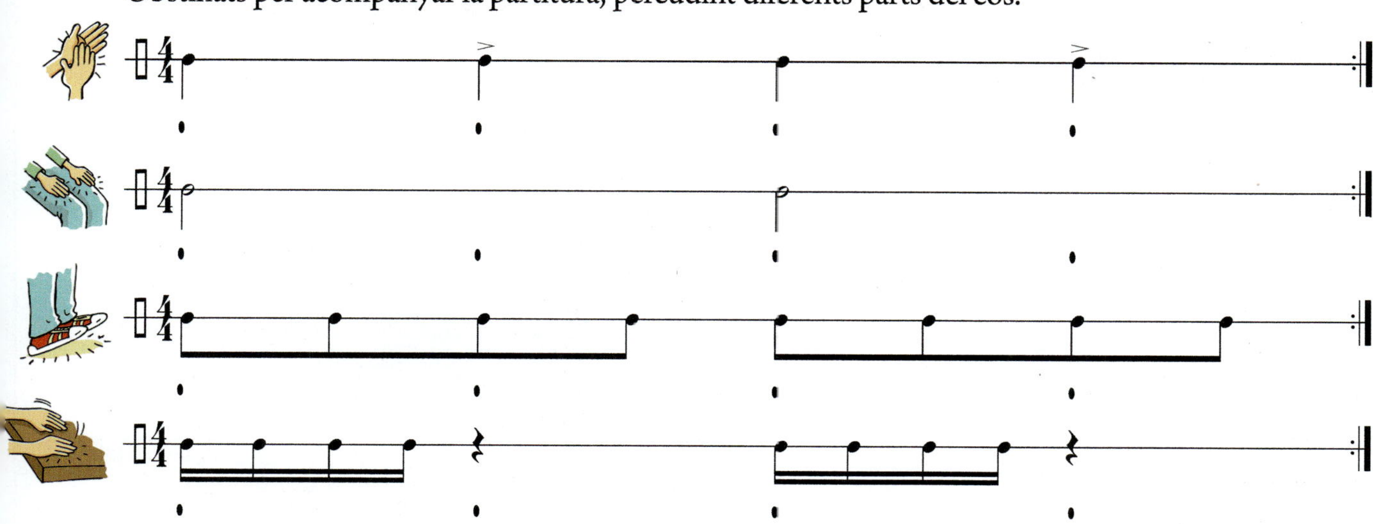

El compàs

112 **1** *La marxa del coronel Bogey* (K. Alford). Escolta aquesta marxa i segueix-ne la partitura. És la marxa que Malcolm Arnold va utilitzar per a la banda sonora d'una pel·lícula molt famosa: *El pont del riu Kwai.*

Kenneth Alford

2 Interpreta la melodia xiulant i acompanya't del ritme proposat seguint les pautes següents:

1) Marca la pulsació alternant els peus i xiula la melodia.

2) Pica sobre les cames el ritme proposat mentre xiules la melodia.

3) Marca la pulsació alternant els peus, xiula la melodia i pica el ritme sobre les cames (tot alhora).

El mot vals *prové de l'alemany* walzen, *que significa* '*donar voltes*'

El vals

Origen

Hi ha diverses opinions sobre els orígens del vals, però la més acceptada és que aquest ball va néixer de les danses camperoles d'Àustria i del sud d'Alemanya, la més coneguda de les quals era el Ländeler. El vals que coneixem avui dia és el ball que es va posar de moda a Viena durant el segle XIX i que es va estendre amb molt d'èxit per tot Europa com a ball de societat.

Característiques musicals

El vals és compost en compàs de 3/4 o de 6/8. L'esperit ternari es manifesta en els moviments i l'accent binari, en les frases. El *tempo* és *allegro*.

Evolucions d'un individu de cada parella, mentre l'altre fa el moviment simètric
(Els nombres entre parèntesis representen cada subtemps del compàs de 6/8)

- Cama dreta: un pas endavant (1); cama esquerra: un pas endavant (2); cama dreta: ajuntar-la amb l'esquerra (3).
- Gir: 1/4 de volta.
- Cama esquerra: un pas enrere (4); cama dreta: un pas enrere (5); cama esquerra: ajuntar-la amb la dreta (6).
- Gir: 1/4 de volta.
- Cama dreta: un pas endavant (1); cama esquerra: un pas endavant (2); cama dreta: ajuntar-la amb l'esquerra (3).
- Gir: 1/4 de volta.
- Cama esquerra: un pas enrere (4); cama dreta: un pas enrere (5); cama esquerra: ajuntar-la amb la dreta (6).
- Gir: 1/4 de volta.

La parella haurà fet una volta completa, sempre girant en el mateix sentit, durant 2 compassos de 6/8.

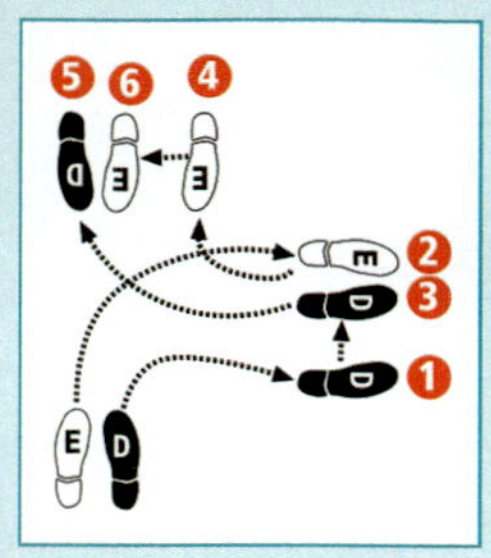

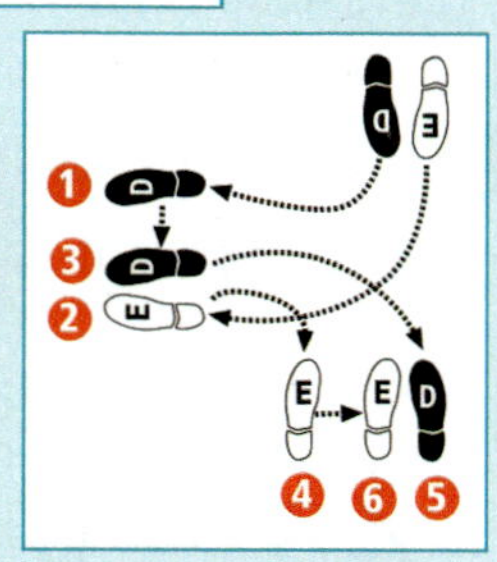

Balla un vals

93 **1** *Al bell Danubi blau* (Johann Strauss, fill). Escolta aquest vals i segueix les evolucions dels moviments abans esmentats.

2 Si vols saber més coses sobre els balls de saló, connecta't al web *www.espaibarcanova.cat* i clica l'enllaç 1 de l'apartat de cos i percussió del llibre de primer cicle d'ESO de Música.

La Patum de Berga

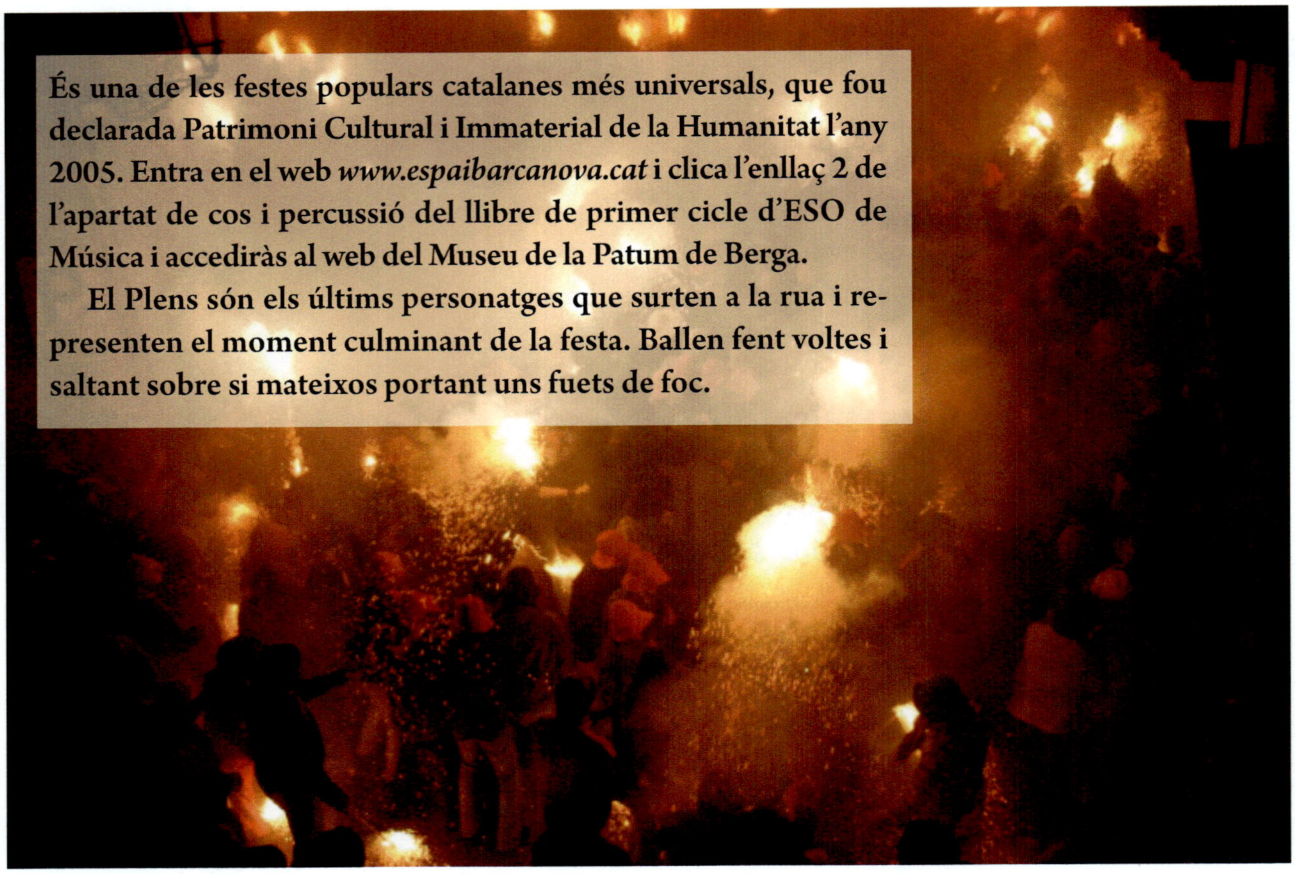

És una de les festes populars catalanes més universals, que fou declarada Patrimoni Cultural i Immaterial de la Humanitat l'any 2005. Entra en el web *www.espaibarcanova.cat* i clica l'enllaç 2 de l'apartat de cos i percussió del llibre de primer cicle d'ESO de Música i accediràs al web del Museu de la Patum de Berga.

El Plens són els últims personatges que surten a la rua i representen el moment culminant de la festa. Ballen fent voltes i saltant sobre si mateixos portant uns fuets de foc.

113

1 *La Patum.* «Ball de plens» (Joaquim Serra i Farriols). Escolta la música i segueix-ne l'estructura a la partitura (AABB).

2 Marca la pulsació en el tema A picant de mans sobre la taula i en el tema B picant sobre les cames.

113 **3** Torna a escoltar la música acompanyant-la amb l'obstinat que fa la percussió.

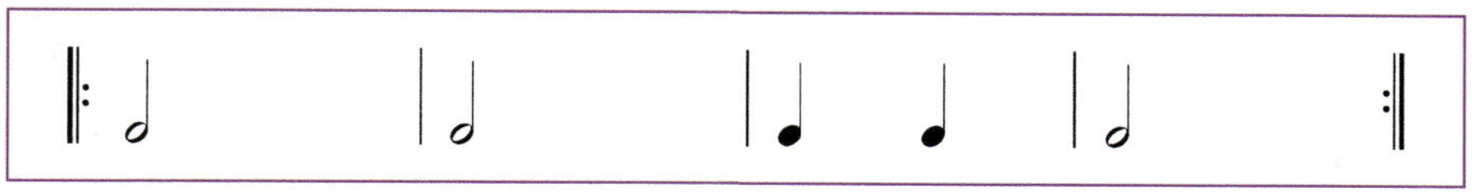

4 Feu dos grups: toqueu i balleu.

Els músics	**Els dansaires** (els Plens)	***Attrezzo* per a la dansa**
Flauta de bec: interpretació de la melodia.  *Instrument de percussió*: l'obstinat rítmic. 	*Tema A*: moure's lliurement per l'espai fent voltes sobre si mateixos tenint el fuet alçat. *Tema B*: restar quiets fent moviments amb el braç que té el fuet.	– Samarreta i pantalons d'un mateix color. – Cartró de paper de cuina amb tires de paper de seda de colors groc i vermell enganxades que simuli el fuet de foc dels plens.

Vivències musicals

Per què estudiem música?

1 Llegeix les opinions següents sobre el tema, que van ser publicades en un article de Juan Francés al diari *El País* el dia 4 de juny del 1996.

> «Una educació musical i artística especialment dissenyada pot contribuir a una millora espectacular en altres camps d'aprenentatge, com ara la lectura i en particular les matemàtiques».
>
> **Martin F. Gardiner,** *director de l'Escola de Música de la ciutat de Providence, EUA*

> «L'exercici mental que exigeix l'educació musical i l'aprenentatge d'un instrument facilita el desenvolupament d'altres matèries i, especialment, de les matemàtiques».
>
> **Juan Crespo Martínez,** *pedagog musical i director d'un Centre Integrat de Música de la Comunitat Autònoma de Madrid*

> «Els alumnes del curs integrat de música m'han sorprès en els exàmens de matemàtiques. Tenen un aprenentatge més ràpid del que és normal en totes les matèries, però especialment en les matemàtiques, en què la nota mitjana de la classe és molt superior a la mitjana dels centres convencionals».
>
> **Victoria García,** *professora d'un Centre Integrat de Música de la Comunitat Autònoma de Madrid*

> «L'educació musical ha de formar part d'una autèntica educació integral, ja que aprendre música, igual que aprendre una llengua, és aprendre una habilitat... La integració en el programa general d'una educació musical sistemàtica i ben feta, amb predomini de la pràctica per sobre de la teoria, contribueix a una educació més completa».
>
> **Johann Krakenberger,** *pedagog musical i professor de violí i viola*

Resumint, l'estudi de la música incrementa i millora els aspectes següents:

- El rendiment en la lectura, les matemàtiques, les ciències i la tecnologia.
- La fluïdesa en la parla de la llengua materna i de les llengües estrangeres.
- La capacitat de treballar en equip i la sociabilitat.
- La memòria i la capacitat de raonament.
- La capacitat d'enfrontar-se amb situacions d'estrès i de resoldre els problemes que aquestes situacions comporten.

2 Reflexiona sobre el tema. I tu, què n'opines?

Les sensacions del ritme

La **música sensació** és aquell tipus de música que aporta més **sensacions físiques** que no pas emocions psicològiques. Aquestes composicions tenen el **ritme** com a base i centre de l'estil al qual pertanyen.

La música *deejay* (DJ), el *rock*, la salsa, la samba i el *merengue*, entre altres, en són exemples.

Si estàs trist o preocupat i vols evadir-te, aquest tipus de música sensació pot aconseguir canviar el teu estat d'ànim

114 **1** *Black or white* (M. Jackson, B. Bottrell). Escolta la cançó i experimenta les sensacions que et provoca.

2 Fes una redacció en què intentis descriure les sensacions que has experimentat mentre escoltaves la cançó interpretada per Michael Jackson.

Les emocions de la melodia

La **música emoció** és aquell tipus de música en la qual la **melodia** és l'element amb més intensitat expressiva. Per tant, si el **ritme** transmet **sensacions**, la melodia aportarà les **passions i emocions** més intenses.

Les melodies agudes són petites, estretes i primes, elevades i àgils: provoquen relaxació

Les melodies greus són grans i voluminoses, pesants i feixugues: provoquen excitació i neguit

1 *My heart will go on* (J. Horner, W. Jennings). Busca aquesta cançó, que formava part de la banda sonora de la pel·lícula *Titanic,* del director nord-americà James Cameron. Escolta-la i experimenta les emocions que et provoca la cançó.

2 Fes un dibuix molt personal intentant descriure les emocions que has experimentat.

3 Expressa amb adjectius qualificatius el teu estat emotiu en sentir la cançó.

Viure la música intensament

La música és una de les facultats creatives de l'ésser humà. Sempre, al llarg de la història, ha estat present en les activitats socials, culturals i de diversió.

La música és l'art dels sons i el silenci, així com la poesia és l'art de les paraules, el cinema és l'art de les imatges en moviment i la dansa és l'art del moviment corporal. El compositor busca la bellesa d'una obra musical a través dels sons i el silenci. La música forma part del conjunt d'arts dinàmiques, ja que desenvolupa l'obra a través del temps.

La música també és una ciència, perquè ordena els sons segons un ordre matemàtic en altura i durada i els expressa mitjançant un llenguatge científic: el llenguatge musical. Cada ciència té uns símbols propis.

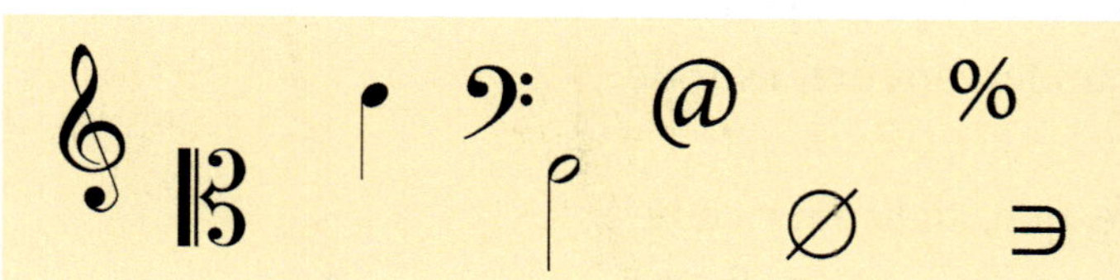

La música és un mitjà de comunicació de missatges i senyals i d'expressió de sentiments i emocions.

A l'illa de la Gomera tenen una modalitat de llenguatge que consta de sis sons que es lletregen xiulant

Els diferents timbres musicals d'un mòbil també són una manera de rebre missatges i senyals a través de la música

Els militars utilitzen els sons de la corneta per comunicar-se

Amazing grace i els drets humans

115 **1** Escolta *Amazing grace,* un himne religiós escrit per John Newton i que William Walker adaptà a la música d'una cançó tradicional nord-americana anomenada *New Britain.*

Història de la cançó

Amazing grace és un tema molt conegut i molt interpretat pels grups i cantants de música *gospel.* L'autor de la lletra, John Newton (Londres, 1725 – 1807), va escriure aquest himne religiós per donar gràcies a Déu d'haver-lo salvat quan, el 10 de març de 1748, el vaixell de tràfic d'esclaus del qual era capità va patir una violenta tempesta i va estar a punt d'enfonsar-se. Aquest fet el va transformar com a persona i, tot i que durant un temps va continuar en el negoci dels esclaus, es va fer famós pel respecte amb què els tractava. Poc després es va fer predicador de l'Església evangelista i es va convertir en un fervent defensor de l'abolició de l'esclavitud.

Aquesta cançó representa el poder que té la fe, que, així com va convertir aquell home que traficava amb esclaus en un home que va lluitar pels drets humans i per la llibertat, pot guiar pel bon camí aquells qui van pel mal camí.

Cor gospel

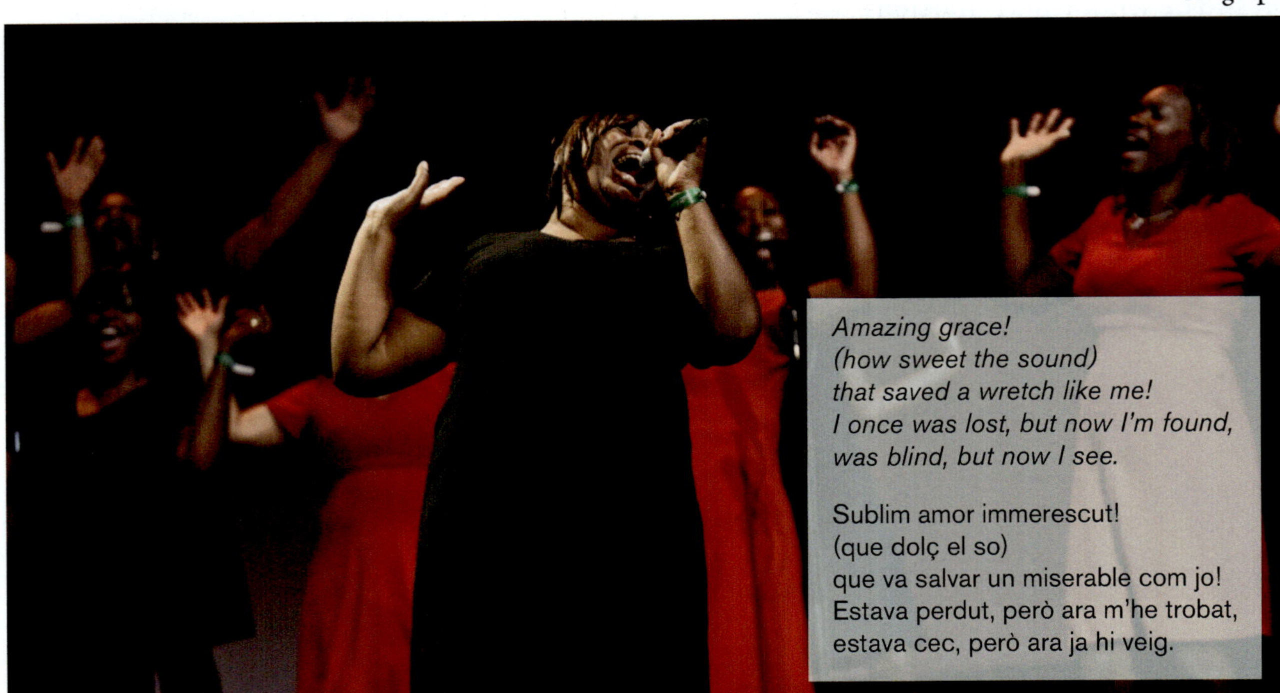

Amazing grace!
(how sweet the sound)
that saved a wretch like me!
I once was lost, but now I'm found,
was blind, but now I see.

Sublim amor immerescut!
(que dolç el so)
que va salvar un miserable com jo!
Estava perdut, però ara m'he trobat,
estava cec, però ara ja hi veig.

La cançó *Amazing grace* ha estat interpretada en innombrables ocasions de la història.

Durant la guerra civil nord-americana, i per ambdós bàndols: els nordistes i els sudistes.

En molts dels actes i de les manifestacions en favor de la lluita contra el racisme als Estats Units d'Amèrica. Martin Luther King va ser un dels líders d'aquesta lluita.

Quan Nelson Mandela, símbol de la lluita *anti-apartheid* a Sud-àfrica, va ser alliberat de la presó.

Quan va caure el mur de Berlín, l'any 1989.

2 Investiga:

- Quins motius racistes influïren en la guerra civil nord-americana.
- Què defensava Martin Luther King.
- Què era l'*apartheid* i què representa Nelson Mandela per a la República de Sud-àfrica.
- Què significà la caiguda del mur de Berlín.

3 Entra al web *www.espaibarcanova.cat* i clica els enllaços 1 i 2 de l'apartat de vivències musicals del llibre de primer cicle d'ESO de Música. Hi trobaràs la Declaració Universal dels Drets Humans i la Declaració Universal dels Drets de l'Infant, resumides. Llegeix-les i digues si creus que es respecten arreu. Digues també el nom d'alguns països on et sembla que no es respecten aquests drets.

La música i Europa

L'«Oda a l'Alegria»: l'himne de la Unió Europea

L'any 1972, el Consell d'Europa va triar el tema de l'últim moviment de la Novena Simfonia de Ludwig van Beethoven, composta el 1823, per adaptar-lo com a himne. Beethoven, en aquest moviment, va introduir la veu humana. El text cantat és extret d'un poema de Friedrich von Schiller que parla de l'ideal de germanor.

El Consell d'Europa, aprofitant la universalitat d'aquesta peça, va demanar al director d'orquestra Herbert von Karajan que fes uns arranjaments instrumentals per tal de convertir-la en l'himne de la Unió Europea.

Finalment, el 1985, tots els membres de la Unió Europea van decidir que fos l'himne oficial i, el 29 de maig de 1986, Europa va estrenar bandera i himne, dos símbols que agermanen tots els habitants d'aquesta gran comunitat.

L. van Beethoven, M. Ríos

116 **1** *Himno a la alegría* (L. van Beethoven, M. Ríos). El cantant Miguel Ríos va fer una versió roquera de l'«Oda a l'Alegria» i la va titular *Himno a la alegría*. Escolta-la i canta-la.

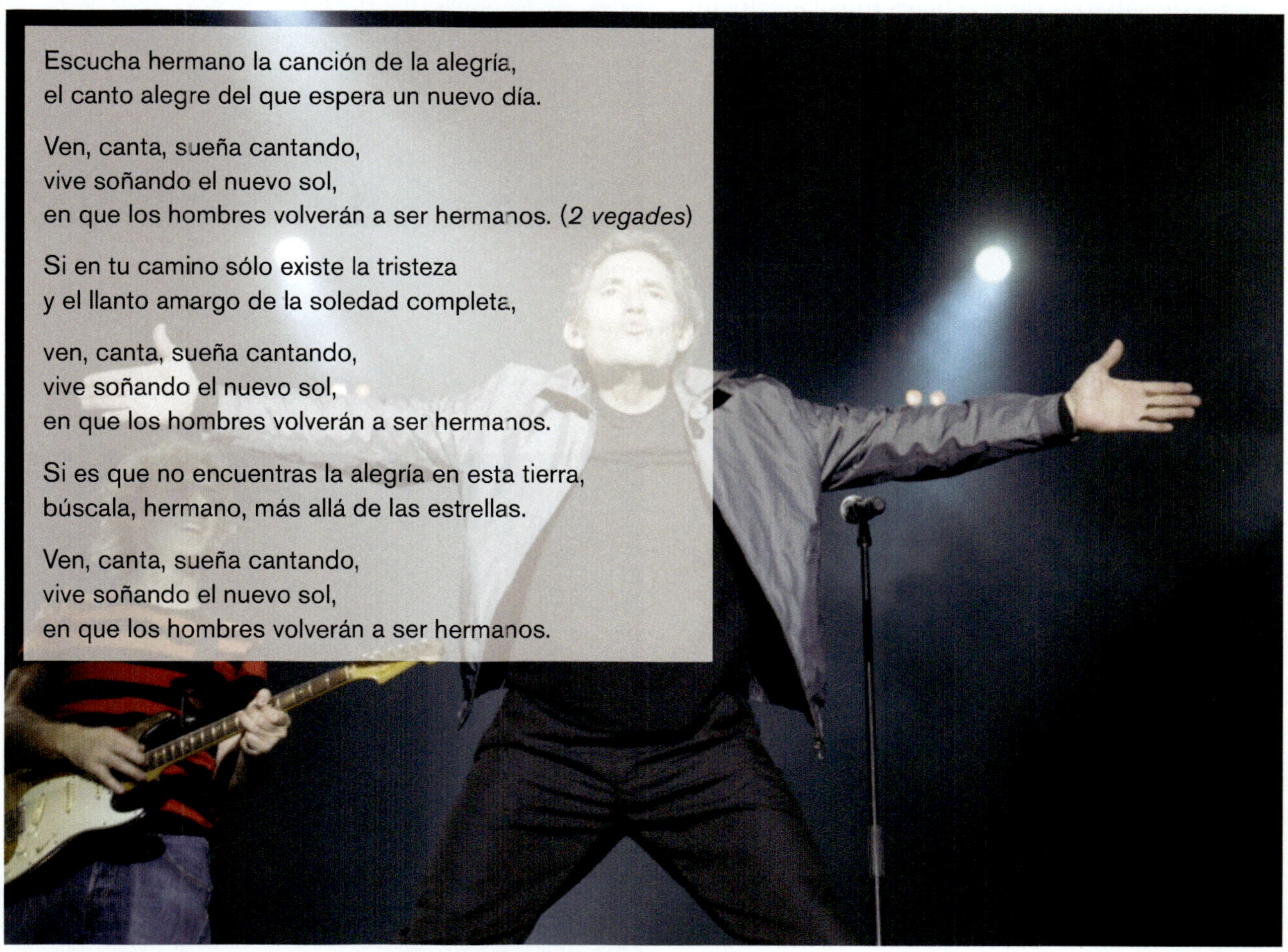

Escucha hermano la canción de la alegría,
el canto alegre del que espera un nuevo día.

Ven, canta, sueña cantando,
vive soñando el nuevo sol,
en que los hombres volverán a ser hermanos. (*2 vegades*)

Si en tu camino sólo existe la tristeza
y el llanto amargo de la soledad completa,

ven, canta, sueña cantando,
vive soñando el nuevo sol,
en que los hombres volverán a ser hermanos.

Si es que no encuentras la alegría en esta tierra,
búscala, hermano, más allá de las estrellas.

Ven, canta, sueña cantando,
vive soñando el nuevo sol,
en que los hombres volverán a ser hermanos.

2 Busca en la teva discografia o a Internet altres enregistraments d'aquest tema i observa la gran quantitat de versions que hi ha. Expressa la teva opinió sobre les diferents versions a la classe.

La música a Catalunya

La música forma part del nostre dia a dia de moltes maneres diferents.

El moviment coral

A Catalunya hi ha una gran tradició coral i això es fa visible en les nombroses entitats que agrupen milers de cantaires que gaudeixen de la música. Algunes d'aquestes entitats són el Secretariat de Corals Infantils de Catalunya (SCIC), la Federació Catalana d'Entitats Corals (FCEC) i les Corals Joves de Catalunya. Si entres en el web *www.espaibarcanova.cat* i cliques els enllaços 3, 4 i 5 de l'apartat de vivències musicals del llibre de primer cicle d' ESO de Música, trobaràs informació sobre cada una d'aquestes entitats.

Grup coral

117 **1** *Coral a boca closa* (Lluís Millet). Escolta aquesta peça coral interpretada per l'Orfeó Català.

La Nova Cançó

L'any 2009 va ser el 50è aniversari d'aquest moviment musical que té els orígens en dos fets ocorreguts l'any 1959. D'una banda, el gener d'aquell any l'intel·lectual Lluís Serrahima publicà l'article *Ens calen cançons d'ara,* i de l'altra, el cantant del País Valencià Raimon va escriure la seva primera cançó, *Al vent,* que va esdevenir tot un himne de la Nova Cançó. A partir de llavors, tot un conjunt de professionals de la música, empresaris i promotors catalans es van unir amb l'objectiu de defensar la llengua i la cultura catalanes. Cal no oblidar que la veu és el nostre primer instrument.

El cantant valencià Raimon en un concert

118 **2** *Al vent* (Raimon). Escolta aquesta cançó interpretada per Raimon.

Rock català

Adrià Puntí va ser el cantant del grup de rock, ja dissolt, Umpah-pah

© Martí E. Berenguer

Al final dels anys vuitanta comencen a proliferar a Catalunya diversos grups de *rock* que tenen com a punt comú el fet d'utilitzar la llengua catalana. Aquest fenomen musical és conegut amb el terme de *rock* català. Els màxims representants d'aquest estil musical, alguns ja dissolts, són Sopa de Cabra, Els Pets, Sau, Sangtraït, Umpah-pah, Lax'n'Busto, Elèctrica Dharma i Gossos, entre d'altres.

Si entres en la web *www.espaibarcanova.cat* i cliques l'enllaç 6 de l'apartat de vivències musicals del llibre de primer cicle d'ESO de Música trobaràs les lletres i els acords de moltes cançons d'aquests grups.

© Martí E. Berenguer

Sopa de Cabra

119 120 **3** *Boig per tu* (C. Sabater, P. Sala, J. Capdevila). *Cap al cel* (C. Juanico, T. Xuclà, J. Muñoz). Escolta dos temes molt coneguts del *rock* català. El primer l'interpreta el grup Sau i el segon, Menaix a Truà.

El *jazz* a Catalunya

El *jazz* s'expandí des d'Amèrica per tot el món i a Catalunya fou introduït pel Hot Club de Barcelona, un club de *jazz* fundat cap a l'any 1934. A partir d'aquest moment, i després del difícil període de la Guerra Civil Espanyola, el *jazz* s'implantà de manera definitiva a Catalunya.

Pel que fa als intèrprets, cal destacar el pianista Tete Montoliu, que debutà al final dels anys cinquanta i que va estar en actiu fins a l'any de la seva mort (1997), i bandes com ara La Locomotora Negra o La Vella Dixieland, que es van fundar el 1971 i el 1980, respectivament.

121 **4** *Dalt del cotxe* (tradicional catalana). Escolta aquest tema de *jazz* interpretat per Ivó Oller Quintet.

122 **5** *West end blues* (J. Oliver). Escolta aquest tema de *jazz* interpretat per La Vella Dixieland.

La Vella Dixieland

Folk

Des del 1988 el Centre Artesà Tradicionarius (CAT) organitza un Festival Folk Internacional on es pot escoltar tot tipus de música *folk*, tant catalana com d'arreu del món. A més dels concerts, al Centre hi ha tallers per a aquells que es vulguin formar en aquest tipus de música. Entra en el web *www.espaibarcanova.cat* i clica l'enllaç 7 de l'apartat de vivències musicals del llibre de primer cicle d'ESO de Música.

© Juan Miguel Morales

Mesclat

123 124 **6** *Mesclat* (M. Casellas) i *Al mar!* (Manel). Escolta aquestes dues cançons. La primera la interpreta el grup Mesclat, que fusiona la música tradicional amb el *rock*, i la segona la interpreta el grup Manel, que mescla la música més tradicional amb el pop.

Altres estils

Actualment, en el panorama musical català existeixen grups per a tots els estils musicals.

© Martí E. Berenguer

Ai Ai Ai

125 **7** *Bar La Rumba* (P. Lladó). Aquesta cançó és una mostra d'un gènere genuïnament català: la rumba catalana. La interpreta el grup Ai Ai Ai.

126 **8** *Aquesta nit* (Dr. Calypso). El *reggae* i l'*ska*, dos gèneres musicals originaris de Jamaica amb fortes influències dels ritmes africans i del *blues* nord-americà, també tenen els seus representants a Catalunya. Escolta aquest tema interpretat per Dr. Calypso.

© Martí E. Berenguer

Dr. Calypso

127 **9** *El meu paradís* (P. Llonch, R. Laviña, J. Riera). El *hip-hop* és un moviment social sorgit als Estats Units als anys vuitanta que té també un estil musical. Escolta aquest tema interpretat pel grup de *hip-hop* At Versaris.

Viva la vida

Berryman, Buckland, Champion, Martin / Adapt: J. Vilà, L. Vilà

68
trés, vi-dres tren-cats i el so de grans tam- bors, i nin - gú no cre- gué que e-
72
B
ra jo. Re-vo-lu- ci-o - na - ris són els que fan mort el rei del món. Sóc un ti - te-lla d'un sol
77
tornada
fil pen - jat. Oh! Vo - ler ser rei, quin dis-ba- rat! Sen - to a Je - ru-sa-lem grans
82
cam- pa - nes, les ca-va-lle-ri-es ro- ma - nes són mi-rall, són es- cut i es- pa - sa, els
87
meus e-mis - sa-ris fo - ra de ca - sa. Per ra - ons que no sé ex - pli - car
91
me n'hau-ré d'a- nar. Mai ni un mot, ni un mot ro- dó, quan jo e - ra rei del món.
96
9
Coda
Oh! Oh!
109
1.
2.
tornada
Oh! Oh! Sen - to a Je - ru-sa-lem grans
113
cam - pa - nes, les ca - va- lle - ri - es ro - ma - nes són mi - rall, són es- cut
117
i es - pa - sa, els meus e-mis - sa-ris fo-ra de ca - sa. Per ra - ons que no sé ex
121
- pli - car me n'hau-ré d'a- nar. Mai ni un mot, ni un mot ro- dó, quan jo
126
e - ra rei del món.

Aquest llibre correspon al primer cicle d'Educació Secundària Obligatòria, matèria de Música, i ha estat elaborat d'acord amb l'ordenació curricular establerta pel Departament d'Ensenyament de la Generalitat de Catalunya.

Coordinació editorial: Agnès Bergua
Coordinació tècnica: Blanca Marqués
Disseny d'interiors i coberta: Mariona Ribó
Edició: Mauro Giani
Maquetació: Mariona Ribó
Correcció: M. Mercè Estévez
Documentalista: Cristina Boj

Il·lustracions: Pep Rius i Montse Español
Fotografia de la coberta: AGE-Fotostock

Fotografies: Aci, AGE-Fotostock, Album, Magnum (Bob Adelman), A. Bofill, Corbis / Cordon Press, Efe, Getty Images, Juan Miguel Morales, Martí E. Berenguer, Photoaisa, Photononstop, Prisma, L. Sogas, Arxiu Anaya (P. Cosano / M. Steel), Arxiu Barcanova

Rosa Sensat, 9-11, 4a planta. 08005 Barcelona
Telèfon 932 172 054
barcanova@barcanova.cat
www.barcanova.cat
Primera edició: març de 2011
Vuitena impressió: juny de 2020
ISBN: 978-84-489-2764-6
DL B. 5951-2011
Printed in Spain

PAPER DE FIBRA CERTIFICAT